Молитвы товарищей

Оглавление

IntroПредисловие
3

Намерение молитвы
4

**Молитвы товарищей
из подготовки к ежедневным урокам каббалы**
5

Молитвы товарищей с собраний товарищей
107

Молитвы многих
112

Сила молитвы
113

Соединяем человечество с духовным
118

IntroПредисловие

Каждый день мы начинаем ежедневный урок каббалы с чтения короткой молитвы, составленной десяткой учеников, одной из сотен десяток из тысяч учеников со всего мира, которые учатся вместе, чтобы почувствовать одно общее сердце и раскрыть в нем единую высшую силу.

Нет ничего выше молитвы, исходящей из глубины общего сердца членов десятки. Такая молитва обладает великой силой и способна пробудить сердца остальных учеников, присоединить их к общему сердцу и достичь Творца, вплоть до «престола славы». Такая молитва обязывает высшую силу заботиться о нас и направить нас к нашему конечному исправлению.

Чтение каждой из молитв товарищей из этого сборника способна расширить сердце, усилить обращение к Творцу и соединить сердце отдельного человека с общим сердцем – это там, где пребывает Творец. Каждое чтение молитв товарищей будет заново пробуждать сердца к постоянной молитве, которую мы должны возносить Творцу в каждое мгновение.

Желательно молиться весь день.

Д-р Михаэль Лайтман

Намерение молитвы

"Каждый день раздается призыв ко всем жителям мира: "От вас это зависит!" И это означает: "Возьмите от вас возношение Творцу". А если скажете, что вам это трудно, (сказано): "Каждый, побужденный сердцем своим, пусть принесет его".

Отсюда секрет к молитве. Поскольку человек, боящийся Господина своего и направляющий сердце свое и желание свое в молитве, он производит высшее исправление. Вначале посредством воспеваний и прославлений, которые произносят высшие ангелы наверху, и посредством порядка прославлений, которые произносят Исраэль внизу, Малхут украшает себя и устанавливается в своих исправлениях, словно жена, украшающаяся для мужа своего».

(Зоар для всех. Глава Ваякель. Статья "Намерение молитвы", п. 107)

Молитвы товарищей из подготовки к ежедневным урокам каббалы

1.6.2022 · Десятка 4 – Латинская Америка

Благословляем Тебя, Творец, за то, что Ты привел нас в это святое поле, в место, в котором, в сопровождении нашей десятки и мирового кли, мы сможем обрести и нести свет исправления миру. Соедини нас в одно сердце, чтобы достичь цели творения и прекратить страдания человечества.

2.6.2022 · Десятка 4 – Нью-Йорк · Десятка 2 – Студенты кампуса KabU

Дорогой Творец, мы просим познать Твое величие, сияющее через наших товарищей. Помоги нам почувствовать и быть ответственными за продвижение друг друга. Мы полны благодарности за то, что Ты дал нам именно этих товарищей. Напоминай нам всегда обращаться к Тебе и просить. Нет большей радости, чем служить Тебе, спасибо. Творец, помоги нам стать ближе друг к другу и превозносить Твое величие. Сделай наши усилия плодотворными, чтобы нести мир во весь мир и Тебе наслаждение.

3.6.2022 · Десятка 2 – Тель-Авив · Десятка 1 – Юг Израиля

Мы чувствуем радость в сердце от этого объединяющего урока, на котором почувствуем ответственность друг за друга. Приблизь нас друг к другу, чтобы мы ощутили Тебя внутри товарищей. Помоги товарищам во всем мировом кли прийти на подготовке к уроку к цельной десятке.

Попросим Его, чтобы у нас получилось, и мы соединились. Дай нам сохранять суть связи между нами во всех состояниях, насколько это возможно. Услышь молитву сердец товарищей из общего сердца.

4.6.2022 · Десятка 3 – Петах-Тиква · Десятка 5 – Петах-Тиква

Творец! Из той благодарности и радости за предоставленную нам Тобой честь идти по пути истины, мы просим Тебя, объедини нас и помоги нам не думать о себе, чтобы мы могли давать друг другу силу поручительства и объединять наши молитвы ради человечества и Тебя. Смягчи наше грубое сердце, дай нам сердечно любить наших товарищей и ощутить сеть связи между нами, горячее сердце товарищей, устремленное на единение с Тобой. Помоги нам сосредоточиться в намерении доставить Тебе наслаждение и быть достойными получить свет, возвращающий к источнику, ибо нам по-настоящему нужна Твоя помощь.

5.6.2022 · Десятка 4 – Петах-Тиква · Десятка 29 – Петах-Тиква

Творец, объедини все желания, намерения и точки в сердце в одно кли поручительства, чтобы в нем Ты мог раскрыться и поселиться. Дай нам силу идти верой выше знания, чтобы мы могли достичь подобия с Тобой и служить в качестве кли, передающего Твое высшее благо всему человечеству, чтобы этим оно достигло исправления и таким образом доставить Тебе наслаждение.

5.6.2022 · Десятка 4 – Петах-Тиква · Десятка 29 – Петах-Тиква

Творец, мы полны благодарностью к Тебе за это прекрасное собрание товарищей, которое стремится быть в единстве и слияние с Тобой. Пожалуйста, дай поддержку и силу каждому товарищу. Пусть Твоя доброжелательная и любящая рука направит нас к получению Твоей Торы. Пожалуйста, посей семена единства и самоотмены в наших сердцах. Дай нам расти, как преданные и любящие, вместе, как один человек.

Дай нам доставлять Тебе удовольствие нашей любовью, поднимаясь над всеми материальными ограничениями. Помоги всем товарищам объединиться с одним намерением в сердце – раскрыть Тебя между нами. Мы очень благодарны Тебе за то общество, которое Ты дал нам, с нашей общей целью быть достойными Твоей любви.

6.6.2022 · Десятка 1 – Харьков · Десятка 8 – Москва

Творец, мы благодарим Тебя за то, что удостоились служить Тебе. Дай нашей вере укрепиться и увеличиться до бесконечности. И дай нам любовь и дополнительные силы на духовном пути. Просим: дай товарищам сильное желание соединиться в одном намерении и благослови нас на путях, ведущих к Тебе.

7.6.2022 · Десятка 3 – Балтия · Десятка 1 – Венгрия · Десятка 1 – Польша

Творец, помоги нам на этом уроке и дай нам силу арвута – так, чтобы мы соединились как один человек с одним сердцем и передали свет всему миру.

8.6.2022 · Десятка 1 – Латинская Америка
· Десятка 2 – Латинская Америка

Спасибо Тебе, Творец, за Твою верность нам, за то, что Ты поддерживаешь нас Своей милостью до сего дня, за возможность находиться здесь пред Тобой в этот момент, желая соединиться в единое целое. Усиль связь между всеми нами, чтобы стать одним человеком с одним сердцем, направленным к Тебе. Мы желаем быть отдающими, как Ты, поэтому мы просим Тебя дать нам келим отдачи и необходимую силу, чтобы исправиться и стать способными принять Твой свет, чтобы выполнить цель творения с помощью Твоего раскрытия между нами.

9.6.2022 · Десятка 1 – Сан Франциско
Десятка 2 – Северо-восток США

Творец, спасибо, что дал нам место и методику для объединения. Помоги нам приложить усилия, чтобы достичь такой связи, чтобы мы не хотели ничего получать для себя, а только отдавать Тебе. Помоги нам почувствовать важность в исправлении и распространении. Чтобы мы ощутили чувственное и искреннее желание к отдаче и распространению, вместо умственного знания материала. Пожалуйста, помоги нам распространить мир в мире на основе нашего единства. Спасибо, что услышал нашу молитву.

10.6.2022 · Десятка 3 – Ашкелон · Десятка 1 – Зихрон Яаков

Творец, помоги нам пробудиться к новому ощущению связи – так, чтобы мы больше чувствовали друг друга, и меньше себя. Помоги товарищам преодолеть все, что мешает им обратиться к Тебе за помощью, и поддерживай наше общее сердце живым и радостным. Мы верим, что Ты слышишь нас, и наша единственная уверенность только в Тебе, мы все хотим Твоей помощи, мы все вместе просим провести этот урок ради Тебя – и надеемся, что нам удастся реализовать цель нашей работы, и тем самым доставить Тебе наслаждение.

11.6.2022 · Десятка 6 – Петах-Тиква
Десятка 19 – Петах-Тиква

Дай в сердце нашем, чтобы не забывали мы, что между нами пребывает Творец, который заботится дать нам все благо, имеющееся в мире. Наши товарищи учат нас, что значит любить, и мы чувствуем Тебя в связи между нами. Чувствуем пример каждого товарища. Мы просим, чтобы Ты дал нам видеть достоинства товарищей, а не их недостатки, такими, какими они являются на самом деле.

11.6.2022 · Десятка 6 – Петах-Тиква
Десятка 19 – Петах-Тиква

Дорогой Творец!

Спасибо, что Ты собрал нас вновь на урок. Благодарим, что Ты удостоил нас работать для Тебя. Спасибо за все состояния, которые Ты даешь нам, которые приближают нас к Тебе. Помоги нам соединиться между нами в любви, чтобы мы смогли провести свет всему миру.

12.6.2022 · Десятка 3 – Турция

Дорогой Творец!

Пробуди в нас желание и стремление любви к товарищам. Помоги нам достичь состояния единства с Тобой через любовь к товарищам, чтобы мы могли доставить Тебе наслаждение. Амен.

13.6.2022 · Десятка 1 – Студенты МАК
Десятка 17 – Студенты МАК

Добрый и Творящий добро, прими нашу благодарность за возможность обратиться к Тебе. Надели нас правильным намерением и ощущением важности цели, идя в вере выше знания. Пробуди в нас хисарон почувствовать величие товарищей и тем самым осознать Твое Величие. Пусть все мы объединимся на уроке как один человек с единым сердцем, в радости схватившись за Твою руку. Ведь нет никого, кроме Тебя!

15.6.2022 · Десятка 2 – Бразилия
Десятка 6 – Латинская Америка

Дорогой Творец, спасибо, что собрал нас для достижения слияния в этом святом сообществе. Пусть нашей единственной целью будет достижение любви к ближнему и попросим, чтобы каждый из наших товарищей смог достичь посредством своих усилий объединения, раскрытия кли, которое позволит Тебе пребывать среди нас.

16.6.2022 · Десятка 1 – Лос Анджелес
Десятка 1 – Центр-запад США

Создатель мира, мы благодарны за то, что все исходит от Тебя, и все предназначено для того, чтобы приблизить нас к Тебе. Дай нам силу использовать все, что Ты нам посылаешь, чтобы служить Тебе и доставлять Тебе наслаждение. Мы просим Тебя объединить нас в одном намерении, и чтобы наше единство принесло мир в мире.

17.6.2022 · Десятка 4 – Тель Авив · Десятка 1 – Хайфа

Творец, помоги нам объединиться вместе и дай нам желание продвигаться к духовному, мы просим, чтобы в каждом действии Ты дал сил увидеть Твое величие. Спасибо Тебе, что позволяешь нам прилагать усилия каждый день, каждый час и каждую минуту. И во взаимном поручительстве мы притянем Твой свет ко всему миру, и вместе мы поднимем Шхину из праха, и все это для того, чтобы доставить Тебе наслаждение.

18.6.2022 · Десятка 22 – Петах-Тиква
Десятка 9 – Петах-Тиква

Спасибо Тебе, Творец, за то, что Ты слышишь нашу молитву, и за возможность отмениться и приобщиться. Дай нам силу быть все время выше знания, заряженными и объединенными во всем мировом кли, ощущающими страдание Шхины и обладающими силой работать против нашей природы. И с правильным намерением на объединение просим почувствовать товарищей в нашем сердце и ощутить ответственность за других, чтобы реализовать нашу обязанность, включившись в общество. И все это для того, чтобы доставить Тебе наслаждение.

19.6.2022 · Десятка 1 – Африка

Любимый Творец, спасибо Тебе за эту возможность собраться и обратиться к Тебе!

Мы просим, чтобы эта молитва дошла до Тебя, как голос одного человека. Помоги нам направить наши мысли на ожидание Твоего света, возвращающего к источнику, и дай нам силу соединить наши сердца, чтобы стать одним человеком с одним сердцем в нашем святом окружении.

Пожалуйста, помоги товарищам, находящимся на подъеме, чтобы они могли поддержать и укрепить товарищей, находящихся в падении. Помоги нам видеть Тебя во всем, что Ты показываешь нам. Пожалуйста, сделай наши недостатки силой, чтобы отдавать Тебе, потому что мы зависим только от милости и милосердия, чтобы продвигаться по этому пути.

Пожалуйста дай нам силу ставить товарищей и потребности мира выше наших собственных. Пусть этот крик послужит доказательством, что мы понимаем важность нашей роли, и поможет нам выполнять ее и принести мир миру.

20.6.2022 · Десятка 1 – Киев
Десятка 3 – Киев · Десятка 2 – Москва

Взываем к Тебе, Творец! Поддержи нас на пути исправления, очисти нас от заботы о себе, чтобы превратилась она в заботу о товарищах, чтобы мы дополняли друг друга и притягивали свет, возвращающий к источнику. Просим работать в радости над всем, что раскрывается между нами, и чтобы мы удостоились вознести молитву ради мира в мире, и смогли доставить Тебе наслаждение!

21.6.2022 · Десятка 2 – Италия · Десятка 2 – Балтия

Создатель мира, мы умоляем Тебя соединить товарищей в одно кли, с помощью которого Ты сможешь проявить Свое величие и огромную любовь к миру. Спасибо, что Ты приближаешь нас к Себе каждый день через молитву.

Мы знаем, что Тебя радует возможность наполнить наши хисароны, и поэтому мы просим у Тебя непрерывный хисарон к связи между нами, чтобы Твое удовольствие было полным, а наше сердце пустым и готовым наполниться Тобой.

Дай нам важность товарищей, чтобы мы оставались соединенными с помощью силы поручительства и отдачи.

22.6.2022 · Десятка 3 – Латинская Америка
Десятка 4 – Латинская Америка

Спасибо Тебе, Творец, за твою доброту и милосердие, Ты свел нас здесь, в это время и в этом окружении, в группе Бней Барух, с любимым Учителем, с трудами и методикой Бааль Сулама и Рабаша.

Спасибо за Твое пребывание в сердцах товарищей в десятке каждое мгновение. Мы просим Тебя открыть наши глаза и наши сердца, и дать нам вместе, как одному человеку в одном сердце, принести с радостью Твой свет в мир.

25.6.2022 · Десятка 17 – Петах-Тиква
Десятка 21 – Петах-Тиква

Творец, мы благодарим Тебя за возможность объединиться. Мы готовы подняться над всем, что относиться к этому миру и просим Тебя: веди и направляй нас. Просим Тебя, чтобы Твоя важность распространилась от нас на весь мир прямо сейчас. Помоги нам распространить Твое величие – мы просим, чтобы все наши усилия по объединению были для того, чтобы доставить Тебе наслаждение. Мы требуем быть достойным кли для Тебя. Помоги нам быть в заботе о каждом товарище в мировом кли, чтобы достичь Цели и служить Тебе. Объедини пожалуйста весь мир и нас, и укрепи связи между нами, чтобы мы могли воздействовать через Тебя на весь мир, и доставлять Тебе наслаждение.

25.6.2022 · Десятка 17 – Петах-Тиква
Десятка 21 – Петах-Тиква

Дорогой Творец, благодарим Тебя за то, что Ты собрал нас на урок, и дал нам возможность быть в отдаче Тебе всем мировым кли. Спасибо, что Ты помогаешь нам разрушить эгоистические перегородки между нами. Благодарим Тебя за привилегию объединиться и распространить объединение миру, и все это для того, чтобы достичь Окончательного Исправления и доставить Тебе наслаждение.

26.6.2022 · Десятка 1 – Азия

Спасибо Тебе, Творец, за путь, который Ты открыл для нас — так же, как для каббалистов во всех поколениях. Пожалуйста, дай нам то, чего не хватает, чтобы объединиться для достижения единого сердца, в абсолютном знании, что нет у нас иного выхода, кроме как вскричать к Тебе в один голос вместе.

Мы просим у Тебя дать нам желание молиться за успех товарищей, чтобы они смогли объединиться выше знания и доставить Тебе наслаждение.

Спасибо за то, что Ты дал нам святую обязанность заботиться друг о друге. Ты благословил нас выше всяческой меры, чтобы мы пребывали в объединении и слиянии с Тобой.

27.6.2022 · Десятка 1 – Студенты МАК
Десятка 1 – Беларусь · Десятка 6 – Москва

Дорогой Творец!

Спасибо за жизнь, за добро и зло, за истину и за ложь, за все возможное и невозможное, за наш путь, за нашего Учителя и наших учителей, направляющих нас.

Помоги всему миру слиться с Тобой. Помоги объединиться и соедини нас в одно кли, чтобы насладить Тебя, и действуй в нас в Своем величии. Научи нас любить в совершенной вере и служить Тебе в радости! Услышь нашу молитву и раскройся в нас!

28.6.2022 · Десятка 2 – Великобритания · Десятка 4 – Италия

Дорогой Творец!

Дай нам правильный хисарон к духовному, дай нам ощутить и свяжи нас с общим желанием мирового кли, чтобы мы могли быть на этом уроке как один человек с одним сердцем. Дай нам силу отменить себя перед десяткой и всем нашим окружением, чтобы оставаться в одном общем взаимном желании слиться с Тобой. Наши силы слабы, поэтому пожалуйста, позволь нам видеть возможности отдавать во всех случаях. Спасибо, что Ты ответил на нашу молитву.

29.6.2022 · Десятка 5 – Латинская Америка
Десятка 7 – Латинская Америка

Мы благодарим Тебя, Творец, что Ты позволяешь нам работать вместе, мы хотим слиться с Тобой и с Твоими свойствами, помоги нам вознести правильную молитву к Тебе, чтобы построить кли, которое может получить Твой свет, позволь нам приблизиться, чтобы мы росли вместе. Позволь нам в это мгновение выстроить единую молитву во благо десятки и мирового кли.

30.6.2022 · Десятка 1 – Флорида
Десятка 1 – Студенты кампуса KabU

Дорогой Творец, спасибо за эту чудесную возможность быть сегодня с мировым кли. Мы просим Тебя помочь товарищам мирового кли увидеть Твое величие и важность. Помоги товарищам преодолеть злое начало – с помощью усиления нашего намерения к объединению, чтобы принести мир всему миру. Спасибо Тебе за самых великих товарищей на свете и за этот путь к настоящему единству.

01.7.2022 · Десятка 1 – Нетания · Десятка 1 – Кармиэль

Дорогой Творец, мы благодарим Тебя за всю цепочку каббалистов, за Учителя и товарищей, с которыми входим в урок. Помоги нам объединиться и прийти к правильному трепету. Укрепи всех товарищей на Твоем пути, добавь им чувствительности, чтобы раскрыть Тебя, чтобы мы могли доставить Тебе наслаждение над всеми помехами. Соедини нас крепко, все мировое кли. Дай нам больше почувствовать друг друга. Научи нас возносить молитвы из центра десятки – чтобы мы могли заботиться друг о друге, чтобы не отключаться от правильного намерения. Творец, спасибо за то, что Ты собрал нас здесь вместе научить нас любить, чтобы мы смогли полюбить всех. Амен, да будет на то желание Твое.

02.7.2022 · Десятка 27 – Петах-Тиква
Десятка 7 – Петах-Тиква

Творец, мы благодарим за возможность быть на утреннем уроке. Помоги нам всегда действовать исходя из объединения между нами и Тобой. Научи нас, как быть в правильном намерении. Помоги нам открыть сердце, привести себя в соответствие с Твоим светом, быть в подобии по форме с Тобой – чтобы ничего не получать для себя.

Объедини мировое кли, чтобы мы могли доставлять Тебе наслаждение. Смягчи наше сердце, чтобы мы пришли на этот урок подготовленными к новой ступени, которую мы достигнем «от любви к творениям к любви к Творцу». Дай нам сил раскрыть Тебя внутри исправленной связи между нами, чтобы доставить Тебе наслаждение.

02.7.2022 · Десятка 27 – Петах-Тиква
Десятка 7 – Петах-Тиква

Творец, помоги нам не заботиться о себе, а всегда быть в молитве к Тебе. Научи нас, как быть все время в самоотмене перед товарищами и Тобой. Объедини нас, чтобы мы были в отдаче Тебе из центра десятки, и за товарищей мы просим, чтобы они держали это в мыслях все время. Объедини нас, как одного человека с одним сердцем. Помоги нам сохранять правильное намерение на протяжении всего урока. Дай нам требовать из глубины сердца, чтобы доставить Тебе наслаждение.

03.7.2022 · Десятка 4 – Турция · Десятка 5 – Турция

Дорогой Творец, помоги нам оставаться в общем желании и намерении в течение урока, чтобы стать как один человек с одним сердцем ради того, чтобы распространить Твой свет всему миру.

04.7.2022 · Десятка 22 – Студенты МАК
Десятка 5 – Молдова · Десятка 3 – Москва

Творец! Спасибо за товарищей, которые прикладывают все свои силы и время, чтобы отдавать Тебе, и своим примером придают смысл жизни и силы жить. Спасибо за возможность чувствовать сердца товарищей, просить за них и чувствовать их молитвы. Спасибо за товарищей, через которых можно обращаться к Тебе. Спасибо за товарищей, без которых нет у нас жизни.

05.7.2022 · Десятка 4 – Балтия · Десятка 1 – Франция

Создатель неба и земли! Мы восхваляем существование Твоей истины, а также Твой путь Хасадим (милосердия), который ведет нас к ней.

Мы просим Тебя дать нам силы, чтобы быть уверенными, что мы сделаем все возможное для того, чтобы укрепить поручительство в каждой десятке. Дай нам силу связи с Тобой – особенно тогда, когда мы отдаляемся от поручительства.

06.7.2022 · Десятка 1 – Чили
Десятка 2 – Латинская Америка

Любимый Творец, мы умоляем и просим Тебя позволить нам приблизиться к Тебе путем объединения и любви. Позволь нам осуществить цель, ради которой Ты создал нас. Преврати нас в кли.

07.7.2022 · Десятка 1 – Куинс · Десятка 2 – Нью-Йорк

Спасибо тебе, любимый Отец, за этот новый день, когда Твой свет светит каждому из нас, и мы можем устремиться к Тебе с намерением любить друг друга, чтобы доставить Тебе наслаждение. Дай каждому из нас повышенное чувство ответственности, чтобы сохранять правильное намерение и молиться за десятку, мировое кли и мир во всем мире. Помоги нам обновлять и повышать важность уроков, и безотлагательно распространять знание о Тебе среди человечества.

08.7.2022 · Десятка 3 – Тель Авив · Десятка 2 – Хадера

Творец! Спасибо за данную нам возможность подготовить для Тебя кли, слиться с Тобой в трепете и любви. Спасибо за чудесный путь. Мы обращаемся к Тебе из глубины сердца, "ради моих братьев и ближних". Соедини нас в общее кли, чтобы доставить Тебе наслаждение. Дай мировому кли, объединенному в центре десятки, правильное намерение укрепить веру в Твое величие. Дай нам любви в наших сердцах, чтобы мы смогли осуществить "возлюби ближнего как себя" и стали достойными предстать перед Тобой единым целым, с трепетом и благодарностью, в слиянии и любви. Просим быть преданно верными Тебе и достойными служить Тебе сосудом, ради всего мира.

09.7.2022 · Десятка 3 – Петах-Тиква

Творец, спасибо за Твою любовь и руководство всем мировым кли. Мы просим стать как один человек с одним сердцем. Помоги нам отмениться и впитать духовное богатство, находящееся в объединении между нами. Построй из нас достойное кли, чтобы мы смогли пойти выше нашего знания и быть твоими преданными посланцами.

10.7.2022 · Десятка 1 – Африка

Дорогой Творец, мы благодарим Тебя за то, что Ты избрал нас служить Тебе.

Спасибо Тебе за все духовные состояния, которые Ты посылаешь нам, чтобы обратиться к Тебе и прийти к совершенству.

Творец, мы молимся, чтобы Ты укрепил наши узы любви и наше единство, чтобы в этом совершенном единстве мы могли раскрыть Тебя, слиться с Тобой и доставить Тебе наслаждение.

11.7.2022 · Десятка 1 – Николаев и Сочи
Десятка 1 – Алматы

Творец! Прими нашу молитву, составленную в соединении наших сердец, как в одном человеке с одним сердцем! Мы собрались сейчас, чтобы внимать Твоей мудрости, пришедшей к нам сквозь тысячелетия через особых и великих духовных учителей, посланных Тобой. Наши сердца горят желанием уподобиться Тебе в любви, в радости, в едином намерении радовать Тебя нашими усилиями в этом, и просим Тебя, чтобы Ты Сам был в связях между нами!

12.7.2022 · Десятка 1 – Болгария · Десятка 1 – Румыния

Спасибо за то, что Ты собрал нас вместе на этом уроке. Дай нам намерение единства, чтобы мы могли доставить Тебе наслаждение. Помоги нам не сбиться с пути, ведущему к Тебе, служить Тебе в радости и трепете. Мы очень хотим, чтобы Ты помог нам на пути Святости – без Тебя мы пропадем.

13.7.2022 · Десятка 6 – Латинская Америка
Десятка 1 – Бразилия

Творец, мы восхваляем Тебя за то, что каждый день Ты приближаешь нас к Себе, и за то, что мы и наше общее единое сердце всегда соединены одним желанием, одной целью, в которой мы просим через наше объединение ощутить Твое присутствие и порадовать Тебя. В каждом товарище из мирового кли, в каждой улыбке, в каждом взгляде, в каждом жесте товарищей мы раскрываем Твое совершенное могучее величие, которое проявляется перед нами.

14.7.2022 · Десятка 1 – Северо-восток США
Десятка 3 – Студенты кампуса KabU

Творец, наше самое жгучее желание – приблизиться к Тебе и достичь слияния. Поэтому мы просим Твоей помощи, чтобы мы смогли преодолеть любовь к себе, и наше желание было бы направлено только на отдачу и любовь к товарищам, доставляя Тебе этим наслаждение. Просим с Твоей помощью принести мир всему миру. Амен.

15.7.2022 · Десятка 1 – Хадера · Десятка 1 – Хайфа

Благодарим Тебя, Творец, за то, что избрал нас для служения Тебе и собрал нас в особом состоянии утреннего урока. Дай нам силу собраться под единым, общим намерением, над всеми препятствиями, которые Ты даешь, чтобы продвигать нас, – и через них мы сольемся с Тобой. Помоги нам быть на уроке преданными Учителю, учебе и возвышенной цели.

Объедини нас над всеми помехами, раскрывающимися в десятке и между десятками, в одно кли, которое питается и продвигается на духовном пути благодаря любви товарищей. Сделай нас способными понять и принять все помехи как Твое указание направления, как продвижение и возможность попросить Твоей помощи, чтобы работать ради Тебя над одной целью и с одним намерением. Амен, да будет желание Твое.

16.7.2022 · Десятка 14 – Петах-Тиква
Десятка 3 – Петах-Тиква

Дорогой Творец, мы благодарим Тебя за возможность вновь объединиться со всеми товарищами и Учителем на утреннем уроке. С огромным волнением мы благодарим за возможность включиться во все мировое кли, за примеры, которые Ты показываешь нам через товарищей.

Исправь в нас желание получать с намерением получения и дай нам желание давать Тебе, выше знания. Объедини нас, чтобы мы стали как один человек с одним сердцем. Открой и переплети наши сердца так, чтобы мы стали достойным кли, чтобы преданно передавать Твой свет всему миру.

Амен, да будет желание Твое.

17.7.2022 · Десятка 1 – Голландия

Дорогой Добрый и Творящий добро! Мы очень благодарны Тебе за все, ведь все исходит от Тебя! Пожалуйста, помоги нам сохранять намерение за каждым действием. Пожалуйста, облачи наш эгоизм в любовь и отдачу и наполни наши сердца радостью. Под Твоим руководством мы обязуемся быть в более крепкой духовной связи между нами. Пожалуйста, помоги нам не воевать с помехами, а использовать их как трамплин для объединения и обращения к Тебе. Пожалуйста, помоги нам создать канал любви, чтобы принести мир и гармонию миру. Помоги всем нашим товарищам, нуждающимся в получении от Тебя, великий Царь, высшего блага! Мы благодарим Тебя и желаем только одного – доставить Тебе наслаждение.

18.7.2022 · Десятка 1 – Днепр
Десятка 1 – Москва · Десятка 4 – Выпускники МАК

Творец, благодарим Тебя за то, что пробудил и привел нас на урок, и даешь нам возможность исправляться. Усиль нашу веру и связи между нами, чтобы уподобиться Тебе. Помоги нам быть в одном намерении на объединение в течении урока. Дай сил и здоровья товарищам в служении Тебе.

19.7.2022 · Десятка 3 – Италия · Десятка 1 – Балтия

Помоги нам поднять искру святости к корню. Дай моим товарищам силы идти к вере выше знания. Сделай из нас живое сердце и помоги выстроить поручительство между нами. Дай нам хисарон к объединению и молитве за товарищей. Раскрой наши глаза видеть в товарищах только примеры отдачи.

20.7.2022 · Десятка 1 – Латинская Америка
Десятка 4 – Латинская Америка

Спасибо Тебе, Творец, за то, что Ты направил нас своей великой милостью на это святое и благословенное поле, в это время и в этом месте, в группе Бней Барух, с нашим любимым Учителем и трудами Бааль Сулама и РАБАШа.

Творец, мы хотим быть твоими верными слугами и партнерами в деле созидания творения. Мы просим Тебя дать всему мировому кли силу соединиться в одно сердце и с радостью привлекать Твой свет в мир. Помоги нам Творец, мы просим Тебя.

22.7.2022 · Десятка 1 – Север Израиля · Десятка 1 – Хайфа

Великий Творец, помоги нам в Твоем милосердии ощутить хисарон в объединении десятки, чтобы Ты услышал молитвы товарищей. Пробуди в нас растущее желание и стремление к отдаче десятке. Освети наши глаза Своей Торой и очисти наши сердца (намерением) ради небес. Дай нам возможность построить общее кли со всеми десятками ради привлечения света и его распространения. Соедини наши намерения в одно кли, в котором сила отдачи, чтобы служить Тебе всем сердцем. Дай нам сил все время обращаться к Тебе, ведь только Ты можешь объединить и исправить нас. Даруй Своей милостью новое сердце, разум и чувства мировому кли.

23.7.2022 · Десятка 3 – Петах-Тиква
Десятка 10 – Петах-Тиква

Дорогой Творец, мы собрались здесь – тысячи товарищей и искр со всего мира. Все творение здесь, перед Тобой, в благодарности за уникальную возможность связаться между нами в слиянии с Тобой. И все мы, как один человек с одним сердцем, растворяемся в одном общем хисароне – радовать Тебя любовью между нами.

Создатель, помоги нам порадовать Тебя! Мы хотим быть такими, как Ты, слиться с Тобой и никогда не расставаться с Тобой. Дай нам силы отмениться друг перед другом, чтобы не осталось в нас никаких мыслей и желаний о себе, а все наши мысли и заботы были бы во благо нашим товарищам и Тебе. Пожалуйста, собери и расширь нас, и приблизь нас к еще большему слиянию с Тобой, ведь только Ты можешь помочь – Ты охватываешь все и все окружаешь, и нет никого кроме Тебя. А мы, как кли в Твоих руках, пребываем в готовности, в смирении и ожидании Тебя, чтобы Ты привел нас к Себе и радовался вместе с нами тоже в любви и мире!

24.7.2022 · Десятка 2 – Турция

Спасибо, что Ты снова вернул нас на утренний урок и за то, что Ты дал нам возможность объединиться с избранными поколения. Мы хотим прийти к отмене себя без всяких условий и принять на себя бремя небесной Малхут. У нас есть только одно намерение – доставить Тебе наслаждение на утреннем уроке. Пожалуйста, объедини нас в одной мысли, в одном желании и в одном намерении, чтобы мы могли осуществить Твое желание.

25.7.2022 · Десятка 2 – Выпускники МАК
Десятка 2 – Киев · Десятка 1 – Екатеринбург

Творец Всесильный и Милосердный, благодарим Тебя за милость Твою, за то, что Ты даешь нам путь, Учителя, товарищей и книги.

Пусть все прегрешения покроются любовью и милостью Твоей. Дай нам почувствовать товарищей близкими в сердце, важнее себя. Соедини сердца товарищей и научи любить. Научи нас использовать методику исправления и дай ощущение настоящего хисарона. Дай нам сил поручиться за каждого товарища. Сделай нас одним желанием, потому что объединение стоит прямо сейчас перед нами.

26.7.2022 · Десятка 3 – Германия · Десятка 1 – Голландия

Творец, благодарим Тебя за возможность встречаться и сделать наш урок и все наши встречи как постоянный конгресс. Творец, помоги товарищам быть постоянно включенными друг в друга, и чтобы наше объединение стало местом Твоего раскрытия!

27.7.2022 · Десятка 3 – Латинская Америка
Десятка 7 – Латинская Америка

Спасибо Тебе, любимый Творец, за то, что присоединил нас к окружению товарищей, в котором есть великие достоинства и большая преданность, чтобы достичь свойства отдачи путем объединения.

Дай нам силы всегда возвышать наших товарищей над нашим эго и дай нам важность обращения к Тебе. Дай нам всегда поднимать в своих глазах величие и достоинства товарищей – так, чтобы никогда не видеть их изъянов. Да будет так, чтобы наше намерение было бы сосредоточено на нашем объединении, в котором мы раскроем высший свет между нами. Храни наших товарищей и защити их. Мы благодарим Тебя за то, что дал нам возможность раскрыть эту науку и за Твой свет, который освещает нам путь.

28.7.2022 · Десятка 3 – Нью-Йорк
Десятка 1 – Сан-Франциско

Спасибо Тебе за то, что Ты сотворил мир и товарищей, посредством которых мы сможем постичь Тебя. Мы просим жить только в желании, которое мы получаем от них. Дай нам решительность фильтровать вещи, не направленные на возвышенную цель, и сосредоточиться только лишь на том, как каждое слово на этом уроке говорит о связи между нами.

30.7.2022 · Десятка 8 – Петах-Тиква
Десятка 35 – Петах-Тиква

Любимый и дорогой Творец, мы благодарим Тебя за привилегию, что собрал нас вместе с мировым кли. Спасибо, что дал нам возможность раскрыть поручительство между нами и радость от объединения с товарищами.

Дай нам силы быть слитыми с товарищами, Учителем и мировым кли над всеми помехами, и покрыть все прегрешения любовью. Объедини нас, как одного человека с единым сердцем, и выстрой из нас кли, в котором Ты сможешь пребывать, сделай это ради Себя. Помоги нам ощущать каждый момент как конгресс с намерением доставить Тебе наслаждение.

31.7.2022 · Десятка 1 – Африка

Дорогой Творец, дай нам необходимые силы, чтобы мы могли делать большие усилия во имя любви к товарищам. Помоги нам раскрыть возможности, посредством которых мы сможем усилить любовь между нами и на этом уроке преодолеть все препятствия, мешающие нам объединиться.

Позволь нам с помощью Твоей милости проявлять сострадание и любовь к товарищам, став таким образом примером для человечества.

01.8.2022 · Десятка 1 – Красноярск
Десятка 5 – Москва · Десятка 22 – Студенты МАК

Дорогой Творец, мы благодарим Тебя за то, что Ты выбрал нас из всего поколения для служения Тебе. Спасибо, что присоединил нас к окружению Исраэль. Мы хотим угодить Тебе и поэтому не боимся никаких препятствий и трудностей, которые Ты нам шлешь. Разбей наши эгоистичные сердца, чтобы мы могли освободиться от любви ради себя. Дай хисарон видеть наших товарищей великими, счастливыми и успешными и никогда не сомневаться в них. Дай нам сил.

02.8.2022 · Десятка 4 – Германия · Десятка 1 – Хорватия

Спасибо, Творец, за то, что Ты дал нам такую прекрасную группу, где товарищи способны проецировать огромную важность цели. Спасибо, что не забываешь нас и позволяешь оставаться на пути становления человеком, и не оставаться животным. Мы просим Тебя, пожалуйста, открой наши сердца и позволь нам ощутить связь с товарищами – и через эту связь, услышать то, что на самом деле хочет донести до нас Учитель. Соедини нас таким образом, чтобы все, что мы чувствуем, было "как один человек в одном сердце", чтобы доставить наслаждение Тебе.

03.8.2022 · Десятка 2 – Латинская Америка
Десятка 5 – Латинская Америка

Благодарим Тебя, Творец, за товарищей из мирового кли. Мы просим Тебя помочь исправить сердца товарищей, соединить их в десятку. Творец, мы просим Тебя в течение этого урока позволь нам быть достойными единства и исправления, чтобы наша радость от этого чувствовалась в каждом товарище из мирового кли. Благослови нас, дай нам келим, чтобы получить Твой бесконечный свет, этот чудесный дар — быть с великими товарищами, чтобы превратить кли получения в кли отдачи, и таким образом достичь слияния с Тобой.

04.8.2022 · Десятка 4 – Студенты кампуса KabU
Десятка 1 – США

Великий Творец, мы собрались сегодня вместе, чтобы передать Тебе наше усилие и желание приблизиться к Тебе. Мы знаем, что это может произойти только через наше объединение, и мы понимаем, что достичь этого объединения можно только с Твоей помощью. Мы молим Тебя из глубины сердца соединить нашу молитву о единстве в одно желание и исполнить эту сокровенную просьбу, чтобы мы смогли прийти к слиянию с Тобой.

05.8.2022 · Десятка 1 – Тель-Авив · Десятка 1 – Реховот

Мы просим Тебя, Творец всех миров, достичь правильной связи между нами, в которой Ты сможешь раскрыться, чтобы мы удостоились обрести от Тебя намерение ради отдачи, глубокое и полное понимание того, что нет никого кроме Тебя. Дай нашим товарищам большую потребность в истинной, безусловной любви – настоящей чистой любви, подобной Твоей. Без Твоего величия и помощи мы не сможем этого достичь.

06.8.2022 · Десятка 31 – Петах-Тиква
Десятка 18 – Петах-Тиква

Любимый Творец, услышь нашу молитву и помоги нам быть твоими партнерами, чтобы мы могли каждую помеху рассматривать, как большую помощь – чтобы видеть ее через очки желания отдавать. Дай нам силу жить в молитве. Дай нам уши услышать, и сердце почувствовать слова мудрецов. Дай всем товарищам силу веры, чтобы у них был источник энергии работать ради Тебя – тогда мы станем единым каналом, подходящим для всего мира. Помоги нам быть достойными учениками нашего Учителя, РАБАШа и Бааль Сулама. Научи нас, что такое любовь к товарищам и что такое любовь к Тебе. Любимый Творец, спасибо за то, что ты наш Творец, а мы твои творения. Услышь нашу молитву и прими ее с любовью.

07.8.2022 · Десятка 1 – Азия

Дорогой Творец, спасибо Тебе за Твою непоколебимую любовь к нам и за Твою постоянную заботу обо всем творении. Мы очень благодарны за предоставленную Тобой возможность привлекать свет, возвращающий к источнику, чтобы мы могли передать его, как проводящий канал, всему человечеству.

Пожалуйста, соедини наши сердца и научи нас, как любить и отдавать, чтобы мы могли продолжать строить это великое общество и доставлять Тебе наслаждение. Пожалуйста, дай нам сил преодолевать все посылаемые Тобой кажущиеся препятствия, и яви нам свою милость, научив нас, что они значат для нашего развития. Мы так благодарны Тебе за то, что Ты завел нас так далеко, и мы полагаемся на Твое грядущее избавление, поскольку Ты — Добрый, Творящий добро.

Пожалуйста, раскрой сердца всего человечества и принеси единство и мир всему миру. Спасибо Тебе за великую милость, которую Ты оказал нам.

08.8.2022 · Десятка 20 – Петах-Тиква
Десятка 1 – Тбилиси · Десятка 1 – Группы Кавказа

Творец, Благодарим Тебя за все. Помогай нам ощущать совершенство в работе ради небес, чтобы не было у нас недостатка ни в чем. Сохраняй товарищей в здравии, радости и отдаче. Давай силы товарищам обращаться к Тебе с истинной просьбой. Помогай нам проходить все, что выглядит для нас как испытания, посылаемые Тобой, в едином намерении – доставлять Тебе наслаждение. Пробуждай нас вместе служить Тебе в радости. Со своей стороны, мы обещаем Тебе возвращать все сполна, получаемое от Тебя.

09.8.2022 · Десятка 1 – Венгрия и Польша
Десятка 2 – Балтия

Творец, благодарим Тебя за товарищей, которых Ты нам дал, только благодаря им мы можем обратиться к Тебе. Просим Тебя, научи нас объединению и любви. Хотим чувствовать Тебя между нами и просим вести нас путем истины.

Помоги всем товарищам мирового кли на духовном пути. Соедини нас в одно сердце, как тогда, когда стояли мы перед горой Синай. Дай возможность радовать Тебя своим объединением, раскрой истинную любовь между нами. Приблизь и наполни Собой все человечество.

10.8.2022 · Десятка 1 – Бразилия · Десятка 2 – Чили

Любимый Творец, Ты Добрый и Творящий добро наш Царь.

Мы просим, чтобы правильная молитва всегда пребывала в наших разбитых сердцах и была услышана в большой милости, в Твоем милосердии и Твоей любви. Помоги нам объединиться над нашими эгоистическими желаниями и так достичь раскрытия Твоей любви между нами. Мы осознаем Твое величие, Твое благодарение и добро, ибо нет никого, кроме Тебя.

11.8.2022 · Десятка 1 – Солт-Лейк-Сити
Десятка 1 – Лос-Анджелес

Спасибо Тебе, Создатель мира, за все, что ты сделал для нас, ибо все от Тебя!

Пожалуйста, облачи нас в Твои свойства отдачи, и покрой наши мелкие разделяющие действия любовью. Не позволяй нашему страху охладить эту любовь к Тебе или друг к другу. Дай ей расти, не сокращаться, чтобы мы смогли ощутить сердце товарища и наполнить его светом любви. Позволь товарищам и всему человечеству ощутить радость от этого света, который ты свободно даешь. Приведи нас к такому объединению, которое покроет мир любовью, чтобы доставить Тебе наслаждение.

12.8.2022 · Десятка 1 – Беэр-Шева · Десятка 1 – Хавер

Дорогой Творец, мы благодарим Тебя за то, что Ты дал нам возможность объединиться, за великих товарищей, которых Ты послал нам, и за то, что Ты даешь нам силы продолжать путь каббалистов каждое утро заново. Великий Творец, помоги товарищам достичь свойства отдачи и раскрой наши сердца, чтобы мы почувствовали величие товарищей и Твое величие. Творец, все раскрыто перед Тобой, и мы умоляем Тебя – помоги нам всегда думать о товарищах, дай нам истинный общий хисарон к объединению и силу отмены перед каждой встречей. Мы хотим обрести веру и через нее – любовь к творениям, а от любви к творениям прийти к любви к Тебе.

13.8.2022 · Десятка 30 – Петах-Тиква
Десятка 23 – Петах-Тиква

Спасибо Тебе, что Ты занимаешься нами и не оставляешь нас ни на мгновение и приближаешь нас к истине. Дай нам силу любить как Ты, научи нас, как быть в поручительстве друг за друга, как один человек с одним сердцем. Дай нам силы заботиться о товарищах, чтобы у них не было недостатка ни в чем на духовном пути, и чтобы чувствовать поручительство, которое каждый товарищ приносит с собой.

Приведи нас на новую ступень поручительства между нами. И чтобы реализовалось Твое желание раскрыться во всем мире. И все это для того, чтобы слиться с Тобой и доставить Тебе наслаждение.

14.8.2022 · Десятка 4 – Турция · Десятка 1 – Турция

Дорогой Творец, пожалуйста, дай нам силы молиться за товарищей, чтобы они вернулись к Тебе. Приведи всех нас к требованию, чтобы мы выстроили общее желание. Присоедини нас к духовному. Отпечатай в нас потребность в любви к товарищам. Помоги нам объединиться с товарищами.

15.8.2022 · Десятка 6 – Студенты МАК
Десятка 1 – Бишкек · Десятка 1 – Челябинск и Омск

Творец, мы благодарим Тебя за наилучшие условия, которые, как всегда, Ты даешь нам для нашего духовного продвижения. Благодарим за то, что молитва товарищей пробудила и привела нас в это святое место. Помоги нам объединиться в едином обращении к Тебе об исправлении нашей души.

Соедини нас в единое сердце нитями связи, чтобы они становились все более крепкими и многочисленными с каждым нашим обращением к Тебе. Творец Милосердный, позволь нам принимать все, что Ты даешь, верой выше знания, и награди наших братьев отдачей. Награди товарищей радостью пребывать весь день в связи с Тобой, в поручительстве и заботе друг о друге, и молитве об исправлении всего мира, доставляя Тебе радость нашими усилиями.

16.8.2022 · Десятка 1 – Италия
Десятка 1 – Чехия и Словакия

Дорогой Творец, пожалуйста, научи нас как объединиться в одно мировое кли, общемировой сосуд отдачи! Научи нас ценить Твое величие, мы хотим стать достойными нести свет Твоей любви всему миру, который в этом так нуждается!

17.8.2022 · Десятка 6 – Латинская Америка
Десятка 4 – Латинская Америка

Любимый Творец, огромная благодарность за Твое великое милосердие, за товарищей, за Учителя и за методику. Дай товарищам силу единства и радость служить Тебе, чтобы из этого общего сердца мы вознесли молитву каждого товарища. Чтобы в каждый момент мы ощущали величие товарищей, которые своими действиями разрушают стены, чтобы осознать Твое бесконечное благо, и тем самым изменить всю реальность. Чтобы Твой свет светил всему человечеству. Позволь нам выйти из любви к себе и раскрыть Тебя.

18.8.2022 · Десятка 6 – Студенты кампуса KabU
Десятка 4 – Флорида

Дорогой Творец! Спасибо за эту прекрасную возможность быть в единстве с товарищами.

Покажи нам, как действовать на этой новой ступени. Выстрой связь между нами и даруй нам Свое руководство, чтобы мы смогли преодолеть все препятствия. Помоги нам видеть и чувствовать важность товарищей. Чтобы мы подняли дух товарищей и раскрыли Твое управление.

Спасибо, что Ты открыл наши сердца и дал нам силы молиться.

19.8.2022 · Десятка 1 – Юг Израиля · Десятка 2 – Хавер

Творец, мы благодарим Тебя за то, что Ты собрал нас и дал нам возможность выразить нашу любовь к Тебе, и позволил быть частью святого общества, идущего за великими каббалистами, которые ведут нас к Тебе.

Мы обращаемся к Тебе, чтобы Ты соединил все наши сердца, словно в единую нить, направленную на Тебя, на путь к истине, на служение Тебе – все мировое кли, как одно целое. Пробуди сердца товарищей к объединению – чтобы мы почувствовали Тебя, находящегося там, в их сердцах; чтобы Твое величие и величие товарищей всегда было у нас перед глазами. Мы благодарим Тебя за честь быть Твоими слугами, так как все, о чем мы просим – это насладить Тебя.

20.8.2022 · Десятка 5 – Петах-Тиква
Десятка 26 – Петах-Тиква

Творец, мы благодарим Тебя за святое окружение, за великих товарищей, за заботливое руководство и за возможность работать вместе, чтобы проявлять любовь и отдачу и принести равновесие на всех уровнях природы.

Просим силу подняться над материальным, силу давать хорошие примеры и дух жизни друг другу, чтобы не было у нас чуждого бога, чтобы мы чувствовали Тебя по-настоящему близко в сердце. Помоги нам сосредоточиться сейчас на свете, возвращающем к источнику, и чтобы у нас не было другой заботы, кроме как об объединенном кли товарищей, внутри которого мы сможем доставить Тебе наслаждение.

21.8.2022 · Десятка 1 – Африка

Дорогой Творец, мы благодарим и прославляем Тебя за твою любовь и великие дела. Мы никогда не сможем в должной мере выразить нашу благодарность за то, что Ты избрал нас быть среди удостоившихся выполнять Твою работу.

Научи нас относиться ко всем состояниям, которые Ты уготовил для нас так, чтобы мы вместе могли преодолеть их, став объединенными любовью друг к другу, и в этом совершенном единении построили кли, в котором раскроем Твой свет, чтобы доставить Тебе удовольствие и привести к исправлению всех товарищей мирового кли и всего человечества.

23.8.2022 · Десятка 1 – Австрия

Творец, пожалуйста, дай нам возможность иметь сильные десятки, которые ищут Твое раскрытие с уверенностью, дай нам силу подготовить через нашу связь кли отдачи, в которое Твой свет облачится на этом уроке и в каждом дне.

Пожалуйста, позволь нам почувствовать радость поиска Тебя и найти Тебя в соединении сердец всех товарищей. Спасибо Тебе, Творец, за то, что услышал нашу молитву!

24.8.2022 · Десятка 1 – Латинская Америка
Десятка 7 – Латинская Америка

Благословенный Творец, мы благодарим Тебя за то, что Ты собрал нас вместе со всеми нашими братьями, и за то, что Ты даешь нам возможность служить Тебе в Твоей работе. Творец, дай нам нужные условия для объединения, необходимость и стремление соединить воедино наши разум и сердце в одно намерение. Объедини товарищей в отдаче, чтобы мы смогли достичь слияния с Тобой, так как благодаря этому будет возможно доставить Тебе наслаждение. Помоги нам признать важность объединения с

Тобой через объединение с товарищами, как самое важное. Не давай нашему злому началу властвовать и разделять нас. Благослови нас, удерживая в нас радость от объединения, чтобы мы могли слиться с Тобой.

25.8.2022 · Десятка 2 – Нью-Йорк · Десятка 1 – Куинс

Спасибо Тебе, великий Творец, что дал нам наших учителей, которые проложили истинный путь, по которому мы можем пройти, чтобы слиться с Тобой.

Научи нас, как правильно проверять все, что Ты посылаешь нам, и формировать себя во всех действиях через десятку. Дай нашим великим товарищам стойкость и терпение, необходимые для того, что видеть Тебя за всем этим, и оправдывать Тебя, как действующего в совершенстве. Дай нам собраться на конгрессе с чувством уверенности в Твоем величии, вместе как один.

26.8.2022 · Десятка 2 – Тель-Авив · Десятка 1 – Зихрон Яаков

Творец мира, научи нас любить ради Тебя. Открой наши сердца, чтобы мы могли достичь ощущения того, что мы учим, и товарищей, чтобы хисарон ощутить Тебя среди нас горел в нас и соединил нас вместе. Чтобы мы силой веры почувствовали радость, боль и трепет оттого, что нет в нас желания отдавать Тебе.

Дай товарищам силы оправдывать друг друга и таким образом относить все к Тебе, видеть в каждом препятствии возможность для слияния. Дай нам силу объединения, с помощью которой мы поднимем Шхину из праха и доставим Тебе наслаждение. Чтобы общая просьба к Тебе была на наших устах и в наших сердцах непрерывно.

**27.8.2022 · Десятка 2 – Латинская Америка
Десятка 7 – Латинская Америка**

Любимый Творец, дай нам силу полностью отменить себя ради группы, чтобы преодолеть наш эгоизм и вместе достичь любви к товарищам.

Позволь нашим товарищам почувствовать радость от встречи с десяткой в начале урока, радость от работы и уверенность, что Ты слышишь нас.

27.8.2022 · Десятка 1 – Чили · Десятка 1 – Бразилия

Дорогой Творец, Добрый и Творящий добро – нет никого кроме Тебя. Мы благодарим за эту возможность собраться на этом конгрессе под руководством нашего Учителя, каббалистов, книг и хорошего окружения. Спасибо, что Ты пробудил в нас точку в нашем сердце.

Мы просим силу объединения для любви к товарищам. Научи нас ценить малые действия товарищей как монеты, которые собираются в большой счет. Все что приходит от Тебя – это добро, включая милость Твою.

28.8.2022 · Десятка 6 – Латинская Америка
Десятка 5 – Латинская Америка

Дорогой Творец, мы просим у Тебя важность товарищей все время, чтобы мы смогли стать способными идти навстречу Тебе. Мы благодарим

Тебя за величайшую возможность, которую Ты дал нам собраться здесь, и за эту большую подготовку. Дай нам силу непрестанно работать ради мирового кли и раскрывать Тебя в сердце товарищей, поднимать всегда величие группы, в которой мы практикуем любовь к товарищам, чтобы таким образом достичь Цели, а Ты позволишь нам раскрыть силу отдачи.

29.8.2022 · Десятка 16 – Студенты МАК
Десятка 1 – Николаев и Сочи · Десятка 7 – Москва

Дорогой Творец! Прими нашу общую благодарность от одного Единого сердца, в которое Ты соединил нас во время конгресса. Мы все почувствовали Твою любовь, заботу и радость от этого соединения!

Мы просим Тебя – продолжи этот конгресс, чтобы объединение между нами не уменьшалось, а увеличивалось все больше и больше навстречу Тебе! Дай нам силы каждый день обновлять и укреплять это особое состояние, чтобы быть одновременно и в трепете, и в радости перед Тобой! Научи нас любить все творение так, как Ты любишь его, чтобы доставить Тебе радость и наслаждение!

30.8.2022 · Десятка 3 – Балтия · Десятка 4 – Италия

Помоги нам быть единым целым в течение урока, чтобы притянуть свет исправления, на пользу всем Твоим творениям, и этим доставить Тебе наслаждение!

31.8.2022 · Десятка 3 – Латинская Америка
Десятка 2 – Латинская Америка

Любимый Творец, помоги нам идти выше знания, чтобы мы могли достичь любви к товарищам и так продвигаться вперед с радостью, пока не достигнем слияния с Тобой, чтобы доставить Тебе наслаждение.

01.9.2022 · Десятка 1 – Студенты кампуса KabU
Десятка 1 – Северо-восток США

Дорогой Творец, пожалуйста, помоги нам увидеть мировое кли как одного человека с одним сердцем. Помоги нам почувствовать изменения в нашем восприятии, понимании и чувствах, чтобы мы могли продвигаться духовно в наших десятках. Чтобы в этих новых изменениях мы видели Тебя за каждым товарищем и смогли с радостью реализовать цель творения, доставляя Тебе наслаждение.

02.9.2022 · Десятка 4 – Тель-Авив · Десятка 3 – Ашкелон

Дорогой и любимый Творец, дай нашему сердцу видеть достоинства каждого товарища и направь наши сердца на одно единое сердце, чтобы Ты мог пребывать в нем. Пожалуйста, помоги товарищам быть всегда объединенными в молитве к Тебе, чтобы насладить Тебя и распространить Твой свет на весь мир.

03.9.2022 · Десятка 2 – Петах-Тиква
Десятка 19 – Петах-Тиква

Дорогой Творец!

Приблизь нас к намерению ради отдачи. Помоги нам, как группе, в милости Твоей, явиться и присутствовать на уроках, чтобы это было важно для нас. Чтобы проявлять с Твоей помощью каждый день любовь к товарищам. Чтобы мы всегда выбирали Тебя, а не любовь к себе. И чтобы мы чувствовали ответственность за все мировое кли и все человечество прямо сейчас.

03.9.2022 · Десятка 2 – Петах-Тиква
Десятка 19 – Петах-Тиква

Дорогой Творец, помоги нам беречь товарищей, чтобы мы удостоились видеть их великими, и чтобы вместе с ними заслужили войти в чертоги Царя.

04.9.2022 · Десятка 1 – Азия

Дорогой Творец, услышь нашу молитву!

Мы бесконечно благодарны за тот план, который Ты составил для нас, достичь слияния с Тобой через любовь к товарищам.

Пожалуйста, помоги нам увидеть, что нет никого, кроме Тебя. Позволь нам доставить Тебе наслаждение от нашего объединения в заботе и любви о нашей десятке. Пожалуйста, помоги всем нашим товарищам во всех их потребностях, чтобы у них были все возможности достичь слияния с Тобой. Дай нам силу отменить себя перед нашей великой группой и видеть Тебя за каждым товарищем.

Мы бесконечно благодарны за этот прекрасный путь, который разорвет оковы себялюбия и принесет мир человечеству.

05.9.2022 · Десятка 17 – Студенты МАК
Десятка 5 – Москва · Десятка 3 – Киев

Дорогой Творец, помоги каждому из нас сделать свое желание как Твое в связи между нами, чтобы доставить Тебе наслаждение. Помоги нам выстроить наше общее единое намерение так, чтобы наше объединение, которое мы выстраиваем на этой подготовке, помогло нам удержаться в слиянии с Тобой.

Творец, Милостивый и Милосердный, сделай с нами все, что необходимо нам для продвижения к цели Творения, приблизь нас к служению Тебе и соедини сердца наши в Тебе истинно и без изъянов. Не отвергай молитвы наших сердец и прими их! Царь царей, просим направить сердца наших товарищей к Тебе! Помоги нам через устремление к отдаче объединиться и сложить свои силы в одно обращение, которое Ты примешь.

Помоги нам пожалуйста здесь и сейчас преодолеть все помехи и препятствия через объединение между нами – для того, чтобы создать кли, в которое облачится вера в Тебя выше всех наших прегрешений, только лишь для того, чтобы наслаждать Тебя. И пусть слава Твоя будет жить вечно в наших сердцах.

06.9.2022 · Десятка 2 – Великобритания · Десятка 1 – Балтия

Творец благодарим Тебя, что собрал нас в десятку и продвигаешь нас путем ахишена. Помоги нам объединиться, дай нам намерение отдачи и силу поручительства. Соедини наши точки в сердце. Помоги раскрыть наши сердца к Твой любви. Дай силы помогать товарищам и быть для них опорой и примером. Мы хотим обрести Твои свойства и вместе со всеми слиться с Тобой.

07.9.2022 · Десятка 1 – Чили · Десятка 2 – Бразилия

Творец, мы просим Тебя увеличить силу свойства отдачи в нас. Мы превозносим Тебя, Творец, благодарим за все Твое изобилие. Раскрой нам Свою цель. Любимый и благословенный Творец, мы просим Тебя дать нам возможность прийти к оправданию Тебя в любой момент. Помоги нам слиться с Тобой так, чтобы наша внутренняя работа была на высоте Твоего желания, и таким образом мы бы могли достичь полной отдачи. Мы умоляем Тебя исправить нас, объединить нас в одно кли – через него передай Свой свет и озари сердце всего мира.

08.9.2022 · Десятка 3 – Студенты кампуса KabU
Десятка 5 – Студенты кампуса KabU

Пожалуйста, помоги нам в наших усилиях достичь веры и подготовить место, достойное Твоего величия. Мы просим Тебя дать нам действительно почувствовать желание наших товарищей слиться с Тобой, чтобы мы смогли объединить все наши желания и хисароны в одно кли, ради Тебя. Пусть Твой свет наполняет Бней Барух силой и важностью объединения. Помоги нам удерживать друг друга в намерении о любви выше себя, дай нам силы всегда служить Тебе покорно и с радостью.

09.9.2022 · Десятка 2 – Ашкелон · Десятка 1 – Хайфа

Творец мира, мы благодарим Тебя за предоставленную возможность, что мы все собрались и просим, чтобы Ты открыл для нас врата небесные. Дай нам силы служить святому сообществу и дай всем товарищам силы отменить любовь к себе перед Твоей любовью. Дай нам желание и силу к объединению всех десяток. Творец, Твое великое кли находится перед Тобой, мы ждем и готовы к Твоему исправлению. Собери нас, исправь и соедини нас как одного человека с одним сердцем.

10.9.2022 · Десятка 13 – Петах-Тиква
Десятка 24 – Петах-Тиква

Дорогой Творец, спасибо тебе за все возможности, которые Ты даешь нам, чтобы служить Тебе и мировому кли.

Помоги нам заботиться о наших товарищах, чтобы они продвигались в отдаче, в любви и в слиянии. Ради мира во всем мире помоги нам приблизиться к Тебе и достичь отдачи между нами. Помоги нам очистить наше общее кли. Пожалуйста, дай нам сил укрепить, углубить и расширить объединение между нами и нашу связь с Тобой.

10.9.2022 · Десятка 13 – Петах-Тиква
Десятка 24 – Петах-Тиква

Дорогой Творец, мы благодарим Тебя за то, что ты держишь нас на пути к Тебе. Дай нам силу отдачи и любви. Открой нам сердце, направь наше сердце к товарищам и сделай наше желание, как Твое. Научи нас отменять себя перед Тобой и перед товарищами. Позволь нам помнить, что Ты находишься во всех. Сократи еще немного промежутки между нашими сердцами, и дай нам всегда предпочитать желание товарища своим желаниям. Объедини все мировое кли и через него весь мир во имя Тебя.

11.9.2022 · Десятка 3 – Турция

Дорогой Творец, мы просим Тебя помочь создать единство между нами и дать нам силы проникнуть в сердца товарищей. Дай нам желание и силу вознести нашу молитву, чтобы мы могли подняться над своей природой в намерении отдачи. Мы хотим служить Тебе и быть проводником Твоей силы, чтобы передать человечеству Твою доброту и благо.

12.9.2022 · Десятка 1 – Группы Кавказа
Десятка 1 – Москва · Десятка 1 – Выпускники МАК

Творец, благодарим Тебя за любовь и заботу Твою об Учителе и товарищах. Помоги нам быть постоянно в молитве и поручительстве друг за друга. Помоги исправить наше намерение с получения на отдачу и наполни нас духом единства, чтобы доставить тебе наслаждение.

13.9.2022 · Десятка 3 – Италия · Десятка 1 – Великобритания

Творец, спасибо, что объединил нас! Раскрой наши сердца в желании наших товарищей к духовному, чтобы мы все смогли молиться друг за друга о достижении духовного прямо сейчас! Использовать каждый момент как шанс подумать о Тебе и быть с Тобой, и пусть все наши усилия приведут нас к Твоему раскрытию!

14.9.2022 · Десятка 5 – Латинская Америка
Десятка 4 – Латинская Америка

Любимый Творец, мы благодарим тебя за Твою милость, за Твою помощь и за возможность, которую Ты даешь нам каждый день. И хотя иногда мы чувствуем, что Ты скрываешься, мы полагаемся на Тебя и убеждены в Твоем присутствии всегда с нами. Спасибо за привилегию, которую Ты даешь нам, – говорить с Тобой и распространять Твой свет, а также за то, что позволяешь нам всегда помнить о важности цели и товарищей.

Творец, пусть эта подготовка, которую Ты позволяешь нам сделать, будет на благо Тебе и на благо товарищей, всего мира и всего человечества.

15.9.2022 · Десятка 1 – Нью-Йорк
Десятка 1 – Сан-Франциско

Мы благодарим Тебя за все объятия, за все подарки, слева и справа, сзади и спереди. Будем любить друг друга вечно. Благодарим Тебя вместе за молитвы наших товарищей. Пожалуйста, помоги нам раскрыть сердце, быть в любви к товарищам и ощутить единство на благо мира. Давайте станем одним кли, очищенным и пригодным для выполнения духовной работы, которую Ты нам доверил.

16.9.2022 · Десятка 1 – Центр Израиля · Десятка 1 – Кармиэль

Творец, спасибо за то, что Ты собрал нас вместе. Спасибо за силы, которые Ты даешь нам. Спасибо за возможность, которую Ты даешь нам сейчас, приблизиться к Тебе, и служить всему мировому кли в преданности и любви.

Научи нас любить, и помоги нам выстроить правильные намерения, чтобы все наши действия были ради небес. Дай нам быть молитве к Тебе каждое мгновение и ощутить Твое величие в величии мирового кли. Объедини нас и открой наши сердца, и все для того, чтобы доставить Тебе наслаждение.

17.9.2022 · Десятка 6 – Петах-Тиква
Десятка 22 – Петах-Тиква

Дорогой Творец, спасибо Тебе за то, что Ты собрал нас и удостоил нас возможности обратиться к Тебе. Мы просим чистое сердце – чтобы в нем ощутить товарищей и приблизиться к Тебе. Дай нам служить Тебе в радости и помоги нам начинать каждое мгновение заново, открывая сердце товарищам, почувствовать мировое кли как одно целое, в котором все связаны в одно сердце. И все это мы делаем для того, чтобы доставить Тебе наслаждение.

17.9.2022 · Десятка 6 – Петах-Тиква
Десятка 22 – Петах-Тиква

Дорогой Творец, объедини нас, преврати нас в канал. Дай нам силу проникнуть в сердце товарища и передать ему всю Твою любовь. Чтобы мы ощутили хисарон товарища и через него ощутили, какое богатство есть в группе.

Спасибо за группу и за хисарон, который ты выстраиваешь в нас. И все это – чтобы доставить Тебе наслаждение!

18.9.2022 · Десятка 1 – Азия

Любимый Творец, спасибо Тебе за это окружение.

Пожалуйста, очисти наши сердца и объедини нас. Исправь нас и дай нам в подарок свойство отдачи.

В нас, Твоих детях, живет дух противоречия, и мы нуждаемся в Твоей помощи для объединения и исправления. Усиль наши желания к отдаче и любви и пробуди в нас важность объединения, чтобы мы могли доставить Тебе наслаждение. И конечно же, Твои добро и любовь будут сопровождать нас все дни нашей жизни, и пребывать будем в доме Твоем навечно.

19.9.2022 · Десятка 2 – Санкт-Петербург
Десятка 2 – Киев · Десятка 2 – Выпускники МАК

Творец, помоги нам правильно составить молитву и вознести ее к Тебе. Дай силы десяткам подняться на следующую ступень и добавь хисарон желать отдавать. Дай сил товарищам быть в поручительстве. Научи нас делать все только вместе и помоги прийти к одному сердцу. Помоги включиться в желания товарищей, чтобы думать и просить за них.

Творец, помоги приблизиться к товарищам всем сердцем и душой. Научи нас любить товарищей, объединив наши усилия в одно целое. Помоги нам выяснить, где мы находимся, и подняться на высшую ступень. Помоги построить над разбиением, которое ты создал, купол любви.

Благодарим Тебя за возможность насладить Тебя радостью единства товарищей.

20.9.2022 · Десятка 1 – Испания · Десятка 4 – Балтия

Дорогой Творец, дай нам большой хисарон и правильное намерение, чтобы единство мирового кли дало нам силы очистить наши сердца и почувствовать в них Твой свет.

21.9.2022 · Десятка 6 – Латинская Америка
Десятка 7 – Латинская Америка

Любимый Творец, мы просим у Тебя силы связи, чтобы стать достойными получения свойства отдачи, которое сделает нас каналом для передачи Твоей милости всем десяткам и миру.

22.9.2022 · Десятка 3 – Нью-Йорк · Десятка 2 – Торонто

Творец, помоги нам. Помоги нам прямо сейчас! Держи наши сердца подальше от всего, кроме объединения, и помоги нам помнить о великом благе, которое течет к товарищам, когда мы думаем о них и действуем, чтобы их наполнять, а также о вреде, когда мы забываем о них. Пусть наше требование единства вызовет все необходимые исправления, которые ждут нас впереди, чтобы приблизить нас к Тебе.

23.9.2022 · Десятка 2 – Хадера · Десятка 1 – Нетания

Творец мира, помоги нам укрепиться в «нет никого кроме Тебя», видеть добро в каждом товарище, во всем мировом кли. Помоги нам преуспеть в том, чтобы идти в вере выше знания — и все это для того, чтобы мы могли делать это ради Тебя, а не ради себя. Помоги нам возобновляться каждый день в объединении, в силе ради товарищей и суметь видеть Тебя правящим всем миром как Доброго и Творящего добро. Дай нам удостоиться раскрытия

Твоего величия, быть в поручительстве друг за друга, и чтобы объединение между нами помогло нам приподняться над всеми помехами.

24.9.2022 · Десятка 12 – Петах-Тиква
Десятка 29 – Петах-Тиква

Дорогой Творец, мы благодарим Тебя за данную Тобой возможность обратиться к Тебе. Хотим, чтобы Ты был с нами в разуме и сердце, чтобы мы почувствовали, что нет никого кроме Тебя. Стремимся и стоим пред Тобой, как один, и просим у Тебя силу выше знания, чтобы все наши мысли были только об объединении с товарищами и о слиянии с Тобой. Чтобы наше сердце было направлено на Тебя, и чтобы мы могли видеть в Тебе великого Царя, доброго и творящего добро, и быть достойными Твоей милости. Соедини нас в одну душу, в которой Ты сможешь раскрыться, чтобы этим доставить Тебе наслаждение.

25.9.2022 · Десятка 1 – Азия

Дорогой Творец, дай каждому товарищу большую потребность молиться из глубины сердца за товарищей в десятке, чтобы Творец раскрылся между нами.

В этот особенный день мы просим Тебя посеять семена единства и разрушить барьеры себялюбия, которые действуют как разделяющие перегородки меж нами. Пожалуйста, позволь нам почувствовать духовные дары единения с Тобой, чтобы мы могли передать Твой свет всему человечеству.

Мы невероятно благодарны Тебе, нашему Учителю и нашим товарищам за ту любовь и заботу, которой мы окружены! Это так прекрасно – искать Твою любовь в сердцах наших великих товарищей!

26.9.2022 · Десятка 1 – Новосибирск
Десятка 1 – Алматы · Десятка 1 – Бишкек

Творец, мы с радостью благодарим за возможность быть здесь, за возможность стать отдающими. Помоги нам сблизиться между нами и этим насладить Тебя.

27.9.2022 · Десятка 3 – Германия · Десятка 1 – Франция

Дорогой Творец, дай силу каждой десятке из мирового кли подняться над желанием получать, – пожалуйста, поменяй его на желание отдачи.

Мы хотим, чтобы у нас была хорошая связь в каждой десятке, чтобы Ты раскрылся и пребывал среди нас. Мы просим Тебя коснуться наших сердец и очистить наши мысли так, чтобы мы могли всегда быть в правильном намерении ради Тебя.

29.9.2022 · Десятка 1 – Северо-запад США · Десятка 4 – Студенты кампуса KabU

Спасибо Тебе, Творец, что Ты дал нам возвышенную цель и возможность каждый день работать над любовью к товарищам. Пожалуйста, усиль духовные желания товарищей так, чтобы не важно, что Ты им будешь представлять, они бы оставались сосредоточенными на цели и любви к товарищам. Дай нам необходимые силы, чтобы вдохнуть дух жизни и надежду в товарищей, и приблизить человечество к Тебе. Мы хотим наполнить наши сердца Твоим величием. Помоги нам добиться успеха.

30.9.2022 · Десятка 2 – Тель-Авив · Десятка 3 – Хайфа

Дорогой Творец! Мы благодарим Тебя за окружение, которое Ты дал нам, за объединение и за желание прилепиться к Тебе верой выше знания. Благодарим за мировое кли и за ту ответственность, которую мы получили, приняв на себя миссию быть Исраэль, исправить всю систему через одно сердце, в котором будем ощущать всех товарищей объединенными.

Мы получили большую честь провести ради Тебя совместную подготовку и возможность взаимовключиться и укрепить связь между нами, и этим доставить Тебе наслаждение.

Мы готовы вместе войти в урок в молитве многих и удостоиться воцарить Тебя Царем над нами. Выражаем признательность за то, что Ты дал нам войти в те мысль и намерение, в которых мы почувствуем Твое величие.

Мы просим, чтобы с помощью объединения между нами наступил мир в мире. Вместе сделаем и добьемся успеха.

Благодарим, что Ты открыл нам истину и дал нам келим для ее достижения. Вместе мы будем каналом света и доставим Тебе наслаждение. Спасибо Тебе, дорогой Творец.

01.10.2022 · Десятка 4 – Петах-Тиква
Десятка 18 – Петах-Тиква

Мы благодарим Тебя за то, что Ты дал нам заниматься таким возвышенным делом в любви к товарищам. Мы просим никогда не забывать это, и чтобы никакое другое занятие не отвлекало нас от Цели. Сделай так, чтобы объединение между нами, величие товарищей и величие Учителя всегда были перед нашими глазами – только для того, чтобы доставлять наслаждение Тебе.

01.10.2022 · Десятка 4 – Петах-Тиква
Десятка 18 – Петах-Тиква

Дорогой Творец, мы благодарим Тебя за то, что Ты дал нам возможность обратиться к Тебе, так как мы очень хотим любить товарищей. Даже больше, чем самих себя, но не в наших силах преодолеть себя без Твоей помощи.

Поэтому мы просим милости Твоей, видеть достоинства каждого товарища и присоединить каждого товарища к своему сердцу, как Ты заповедал нам, и все это чтобы доставить Тебе наслаждение.

03.10.2022 · Десятка 1 – Тбилиси · Десятка 1 – Харьков

Дорогой Творец! Наша благодарность Тебе переполняет сердца от тех возможностей, которые Ты даешь нам своей милостью и любовью.

Помоги нам укрепится и сказать, что мы стоим перед Твоим чертогом с просьбой принять наши полшекеля и войти в дом Царя. Помоги нам раскрыть все неисправности, и что мы не лишены надежды с помощью Твоей милости свыше исправить их. Укрепи наши связи и раскрой свой шатер над всем миром, чтобы Ты пребывал между нами и мы своим объединением наслаждали Тебя.

04.10.2022 · Десятка 1 – Болгария · Десятка 1 – Италия

Спасибо Тебе, Творец, за урок, который мы собираемся пройти вместе с нашим любимым Учителем. Мы отдаем Тебе наши открытые сердца, пожалуйста, наполни их Твоей любовью и Твоим светом, который возвращает к источнику. Пожалуйста, благослови наши усилия в выполнении правила «возлюби ближнего своего, как самого себя».

06.10.2022 · Десятка 1 – Флорида
Десятка 7 – Студенты кампуса KabU

Мы восхваляем Тебя, Творец, и благодарим Тебя за эту десятку сильных мужчин, с которыми мы разделяем этот удивительный путь. Открой наши сердца товарищам и помоги нам объединиться все больше и больше. Увеличь наше устремление к слиянию с Тобой и научи нас быть великими служителями. Помоги нам понять, что нет никого, кроме Тебя, Доброго и Творящего добро. Спасибо, Тебе, Творец мира.

07.10.2022 · Десятка 3 – Хайфа · Десятка 7 – Хадера

Любимый, великий и дорогой Творец!

Мы благодарны за то, что являемся учениками РАБАШа и Бааль Сулама, которые каждый день учат нас, как отменить себя ради товарищей. Мы благодарны за возможность отменить себя перед великими товарищами, которые каждое утро подают нам пример своей преданности цели.

Помоги нам укрепить намерение обратиться к Тебе в этой общей молитве из самоотмены: чтобы вместо «я» мы бы думали «мы» и избавились бы от заботы о любви к себе, а заботились бы только о любви к ближнему.

Дай нам силы приподняться над любовью к себе к любви к товарищам в едином объединении и взаимовключении друг в друга. Покажи нам способы, как пробудиться и пробудить наших товарищей к Тебе, чтобы мы прикладывали все больше усилий, дабы победить злое начало в нас – ради Тебя.

Творец, мы просим: укрепи товарищей в преодолении всех препятствий, и чтобы они продолжали объединяться на пути Твоей работы. Услышь нашу молитву, чтобы мы смогли порадовать Тебя.

08.10.2022 · Десятка 9 – Петах-Тиква
Десятка 21 – Петах-Тиква

Добрый и Творящий добро для всех нас, мы просим Твоей помощи выйти из эгоизма, из себя к Тебе, чтобы порадовать Тебя объединением. Мы хотим слиться с товарищами, и из этой связи слиться с Тобой. Творец, помоги товарищам попросить Тебя вместе о полной помощи. Дай нам силы отдавать Тебе через товарищей. Исправь нас, чтобы мы могли служить Тебе во всех наших действиях. И причина нашей просьбы к Тебе в том, чтобы стать проводником света к миру и дать Тебе возможность раскрыться, и этим насладить Тебя.

08.10.2022 · Десятка 9 – Петах-Тиква
Десятка 21 – Петах-Тиква

Дорогой Творец, мы благодарим Тебя за возможность подготовить мировое кли для объединения сердец по отношению к Тебе и служить Тебе. Дай нам сил видеть достоинства наших товарищей, а не их недостатки, правильно объединиться, чтобы быть в подобии формы с Тобой. Мы благодарим Тебя за возможность выяснить между собой, что еще дано нам сделать, чтобы мы могли стоять перед Тобой. Помоги нам, чтобы в этом нашем усилии мы могли выйти из-под власти эго и доставить радость высшим и нижним, увеличить хисарон сердца слиться с Тобой и доставить Тебе наслаждение.

09.10.2022 · Десятка 1 – Африка

Дорогой Творец, спасибо Тебе за это духовное окружение и за эту возможность обратиться к Тебе. Спасибо за то, что Ты выбрал нас из миллиардов людей, чтобы раскрыть Тебя. Мы хотим присоединиться ко всем нашим товарищам мирового кли и выразить Тебе нашу благодарность. Дай нам сил с решимостью посвятить себя Твоей работе в полной вере. Позволь нам увидеть Твое величие и любовь ко всему мирозданию за всеми состояниями. Дорогой Творец, наполни наши сердца радостью, чтобы мы наполнились Твоим величием.

10.10.2022 · Десятка 1 – Днепр
Десятка 8 – Москва · Десятка 3 – Студенты МАК

Творец, спасибо Тебе за все то, что Ты даешь нам для нашего объединения и возможности исправить свой эгоизм, став одним целым организмом для раскрытия чистой любви. С благодарностью и трепетом молим Тебя лишь об одном – не покидай нас ни на секунду. Творец, помоги нам объединиться. Дай духовного зрения и сил преодоления нашим товарищам. Дай нам одну единую молитву за Мир во всем мире!

12.10.2022 · Десятка 1 – Бразилия · Десятка 1 – Чили

Любимый Творец, мы благодарим Тебя за возможность служить Тебе и за знание того, что любовь к товарищам — это путь спасения от нашего эгоизма.

Да будет желание, чтобы сердца товарищей всегда радовали Тебя объединением между нами, и что это единство чувства объединения и любви поднимет каждого товарища в мировом кли, и таким образом мы будем вместе в одном сердце.

Мы просим Тебя, чтобы Ты раскрылся нам с открытыми дверями Твоего чертога, чтобы получить Твою любовь. Укрепи нас перед всем человечеством, чтобы все узнали Тебя и доставляли Тебе наслаждение, и таким образом мы все сможем достичь истинного мира.

13.10.2022 · Десятка 1 – Солт-Лейк-Сити
Десятка 2 – Студенты кампуса KabU

Дорогой Творец!

Спасибо, что дал нам еще один шанс объединиться, как один. Нет никого кроме Тебя. Мы молимся о том, чтобы Ты увеличил в нас важность товарищей и помог нам победить злое начало. Помоги нам объединиться вокруг этого утреннего урока и раскрыть его глубочайший смысл. Благодарим за то, что Ты сделал отдачу возможной для нас, и помоги нам увеличить наше стремление к ней.

14.10.2022 · Десятка 1 – Север Израиля · Десятка 2 – Реховот

Дорогой и великий Творец, слышащий молитвы товарищей, мы просим от имени всех десяток мирового кли, хисарон к большему объединению. Объедини нас, как одного человека с одним сердцем, чтобы мы смогли обрести свойство отдачи, бину, веру. И все это, чтобы уподобиться Тебе и раскрыть Тебя между нами.

15.10.2022 · Десятка 21 – Петах-Тиква
Десятка 17 – Петах-Тиква

Творец, мы благодарим Тебя за возможность, которую ты дал нам вкладывать в духовное, и за то, что Ты собрал нас сейчас на утреннем уроке.

Мы просим войти в урок сейчас с радостью, вместе, как один человек с одним сердцем. Чтобы желание к объединению между нами и между нами с Тобой было для нас самым ценным и важным, превыше всех других желаний. Дай нам сил молиться за товарищей – и дай нам общее сердце, устремленное к Тебе. Покрой все преступления между нами любовью, чтобы мы доставили Тебе наслаждение.

16.10.2022 · Десятка 1 – Азия

Дорогой Творец! Спасибо, что Ты собрал нас вместе на урок.

Пожалуйста, открой наши сердца и умы, чтобы получить Твою прекрасную Тору от нашего учителя и трудов каббалистов. Мы просим Тебя объединить нас как одно целое перед Тобой. Мы просим, чтобы Ты вознаградил нас чувством Твоего величия и принес нам радость через отношения между нами. Пожалуйста, направь нас на Твой путь и продолжай укреплять нашу веру в Тебя.

Пожалуйста, излей свои благословения на мировое кли и помоги нам поделиться Твоей мудростью со всем человечеством. Мы просим, чтобы ты раскрылся миру и принес ему мир своей великой милостью к нам. Спасибо за Твою вечную верность.

17.10.2022 · Десятка 3 – Выпускники МАК
Десятка 1 – Санкт-Петербург · Десятка 1 – Одесса

Творец, спасибо Тебе, что дал нам силы объединиться перед уроком, спасибо Тебе за единую десятку Бней Барух.

Укрепи связи между нами и помоги нам выстроить правильное намерение, в едином устремлении к Тебе. Помоги раскрыть любовь между нами, укреплять наше объединение, и шаг за шагом приобретать Твои свойства.

Спасибо, что услышал наши молитвы, соединил нас в единое сердце и дал нам Тору и радость постижения.

18.10.2022 · Десятка 2 – Балтия · Десятка 1 – Голландия

Дорогой Творец, благодарим Тебя за возможность ощутить новую ступень нашей связи в течение последней недели. Пожалуйста, помоги нам продолжить работу во взаимной отдаче, ощутить качество свойства взаимной отдачи все больше и больше, выстроить и укрепить связь между нами в десятках так, чтобы мы смогли почувствовать свет и радость от этой работы.

19.10.2022 · Десятка 3 – Латинская Америка
Десятка 4 – Латинская Америка

Мы благодарим Тебя, Творец, за то, что Ты привел нас на сегодняшний урок и укрепил нас в вере выше знания. Мы просим Тебя, чтобы на этом уроке Ты дал нам силу быть объединенными, как один человек с одним сердцем, и чтобы таким образом мы стали кли, которое готово получить Твой свет, чтобы быть проводником для человечества.

20.10.2022 · Десятка 1 – Лос-Анджелес
Десятка 2 – Нью-Йорк

Спасибо Тебе, Творец, за то, что Ты держишь нас рядом и позволяешь нам выполнять исправления. Помоги нам почувствовать важность нашей молитвы и то, насколько она связывает нас с Тобой. Дай нам постоянную готовность просить о Твоей помощи и молиться за товарищей, чтобы мы раскрывали новые способы пробуждать друг друга, давать воодушевление мировому кли и нести Твой свет человечеству.

22.10.2022 · Десятка 35 – Петах-Тиква
Десятка 7 – Петах-Тиква

Творец, мы благодарим Тебя за то, что мы находимся на пути, ведущем нас к состоянию, которое должно достичь каждое творение, – к состоянию лишма. И за то, что мы удостоились заниматься объединением с товарищами и через них – соединением с Тобой.

Мы стремимся жить в свойстве отдачи и доставлять Тебе наслаждение. Мы просим: соедини нас в одно общее кли и дай нам одно намерение – только к Тебе и ради всего человечества.

Помоги товарищам подняться вместе, как один человек с одним сердцем, в новое состояние лишма. Чтобы для товарищей вход в состояние лишма был самой важной целью в жизни, и чтобы у них были силы пойти выше знания для ее достижения. Мы не сдадимся, не придем в отчаяние, и не перестанем обращаться к Тебе.

Мы просим не отменять товарищей, а возвышать их как можно выше. Дай нашим сердцам настоящую любовь к товарищам. Направь нас вместе быть в общем желании к Тебе, чтобы неразлучно слиться с Тобой.

23.10.2022 · Десятка 2 – Турция

Творец, спасибо, что Ты дал нам силы включиться в утренний урок с нашими товарищами. Дай нам силы разрушить стены в наших сердцах, чтобы мы могли молиться за наших товарищей. Помоги всем нашим мыслям и желаниям слиться с мыслями и желаниями наших товарищей, и слушать этот урок одним сердцем. Дорогой Творец, приведи товарищей к правильной молитве. Помоги молиться за них на уроке. Помоги нам отмениться перед товарищами, чтобы мы смогли приложить максимум усилий к объединению и доставить Тебе наслаждение, возвыситься из ло лишма к лишма, создавая связь между нами.

24.10.2022 · Десятка 5 – Москва · Десятка 2 – Москва

Великий Творец, спасибо, что Ты дал нам истинную Тору, Тору жизни. Благодарим Тебя за то, что удостоил нас быть на сегодняшнем уроке!

Пошли нам силы отдачи и любви, дай нам быть каналом для мира и избавь человечество от раздоров, войн, голода и разрухи, установи на земле мир и благоденствие! Пусть все наши дела совершаются ради Небес, и да обретем через это Твою милость и благоволение!

25.10.2022 · Десятка 1 – Италия · Десятка 4 – Германия

Творец, слава Твоя освещает все миры.

Спасибо за то, что Ты позволил нам служить Тебе и собрал нас здесь, чтобы исследовать Твои пути. Благодарим за Великие души, которые Ты дал нам, рассказывающие нам о Твоем величии и славе.

Хвала Тебе, Отец Небесный, за Твою бесконечную доброту и просим Тебя настроить сердца товарищей, чтобы Твое величие раскрылось в них на радость Тебе!

Творец, Ты первый и последний в наших действиях. Мы приглашаем Тебя войти между нами, чтобы мы могли раскрыть любовь товарищей и Твою любовь. Пусть все, кто ищет Тебя, радуются и наслаждаются Тобой.

26.10.2022 · Десятка 5 – Латинская Америка
Десятка 6 – Латинская Америка

Творец мира, мы благодарим Тебя в это мгновение за то, что Ты предоставляешь нам возможность служить товарищам. Дай Твоей любви распространиться, как пламени, которое приблизит каждое сердце человечества достичь цели творения – единства между всеми нами.

27.10.2022 · Десятка 1 – Северо-восток США
Десятка 1 – Куинс

Дорогой Творец, мы прославляем Тебя за все, что в нас есть. Мы просим Тебя помочь нам почувствовать сердца наших товарищей. Пожалуйста, дай нам осознать, что только объединившись с нашими товарищами, мы можем доставить Тебе наслаждение.

28.10.2022 · Десятка 2 – Север Израиля
Десятка 1 – Тель-Авив

Дорогой Творец, озари нас искрами святости и подари свет жизни. Дай нам силу, желание и важность объединения ради Тебя, и чтобы мы исполнили слова каббалистов, достигнув лишма и радуя Тебя. Раскрой наши сердца для любви к товарищам и любви к Тебе, с радостью и важностью, в хисароне и ощущении отдаления, но чтобы мы достигли, реально и наверняка, конечной цели – доставить Тебе наслаждение.

30.10.2022 · Десятка 1 – Африка

Любимый Творец, спасибо, что Ты дал нам это святое окружение. Мы просим Тебя помочь нам укрепить веру в наших учителей, руководствоваться их словами, чтобы мы могли работать в приниженности и достичь лишма. Мы взываем не ради себя, а чтобы доставить Тебе наслаждение.

31.10.2022 · Десятка 3 – Санкт-Петербург
Десятка 1 – Киев · Десятка 5 – Студенты МАК

Творец, мы счастливы и находимся в радости, что Ты по своему желанию дал нам возможность изучать науку каббала. Что избрал нас из многих, чтобы приблизить к себе. Что дал нам наставника, чтобы провести нас по самому короткому пути в Твой чертог. Благодарим тебя от всех наших подруг и товарищей!!!

Просим лишь об одном: чтобы Ты объединил нас в одно целое из любви к нам и по милосердию Своему дал нам возможность служить каналом света для всего человечества, ускорить исправления, быстрее достичь ступени «лишма» и доставить Тебе наслаждение.

01.11.2022 · Десятка 2 – Англия · Десятка 3 – Балтия

Создатель мира, дай нам способность открыть свои сердца и достичь любви к товарищам так, чтобы мы все пришли к любви к Тебе. Наша цель – доставить Тебе наслаждение нашими усилиями. Пожалуйста, помоги нам достичь этого.

Творец, спасибо Тебе за наши десятки и за это окружение. Дай нам силы быть проводником света и помоги нам отменить себя перед нашими товарищами так, чтобы мы держали друг друга в пути.

02.11.2022 · Десятка 2 – Латинская Америка
Десятка 7 – Латинская Америка

Любимый Творец, услышь молитвы моих товарищей. Соедини наши стремления в одно стремление. Дай нам важность цели. Пусть усилия ради любви к товарищам заставят нас примкнуть к Тебе. Спасибо за Твое милосердие. Спасибо, что дал нам возможность узнать и работать ради того, чтобы насладить Тебя. Мы просим за товарищей: пожалуйста, предоставь им необходимые условия, благодаря которым они смогут доставить Тебе наслаждение. Любимый Творец, дай сил и крепкого здоровья моим товарищам, чтобы они могли реализовать доверенную Тобой работу и достичь объединения и слияния с Тобой.

04.11.2022 · Десятка 2 – Хавер

Дорогой и любимый Творец, большое спасибо Тебе за все. Мы просим получить от Тебя желание отдавать, чтобы доставить Тебе наслаждение. Научи нас – ради чего мы приходим каждое утро. Дай мировому кли силу удерживать слияние с товарищами и достичь лишма. Помоги нам отменить себя перед группой и выполнить свою роль, ощущая Тебя везде и в любой ситуации. Помоги нам измениться, чтобы мы избавились от любви к себе и стали добрым окружением друг для друга.

05.11.2022 · Десятка 10 – Петах-Тиква
Десятка 25 – Петах-Тиква

Творец, мы благодарим Тебя за возможность обратиться к Тебе.

Просим, чтобы Ты помог нам сохранять объединение между нами во время урока. Чтобы мы могли использовать все наши свойства, данные Тобой, для большего объединения между нами. Чтобы мы могли направить все наши мысли к Тебе.

Мы просим почувствовать, что любовь к товарищам живет в нас во время урока. Помоги нам соединить наши сердца в одно целое, чтобы доставить Тебе наслаждение.

05.11.2022 · Десятка 10 – Петах-Тиква
Десятка 25 – Петах-Тиква

Дорогой Творец, мы преклоняемся перед Тобой и просим: соедини нас и дай нам силы объединиться и уподобиться Тебе, слиться с Тобой и вернуть Тебе нашу любовь. Помоги нам отмениться, взаимовключиться и подняться над собой с правильным намерением, и с радостью и уверенностью осуществить чаяния нашего Учителя и всех каббалистов, чтобы свет Твоей любви распространялся через связь между нами. Соедини все наши усилия и молитвы, благослови нас миром и яви свое величие всему человечеству.

06.11.2022 · Десятка 1 – Азия

Дорогой Добрый и Творящий добро, мы благодарны Тебе за утренний урок вместе с нашим Учителем и товарищами! Пожалуйста, Творец, помоги нам создать кли, чтобы мы могли раскрыть Тебя между товарищами. Пожалуйста, помоги нам объединить наши сердца и притянуть Твое милосердие на нас и на все человечество. Просим Тебя, укажи нам, как правильно отдавать друг другу в полной мере и плодотворно, чтобы мы могли достичь состояния лишма как совершенное и единое мировое кли. Спасибо Тебе, Творец, за нашу прекрасную группу и за возможность вместе соединиться с намерением доставить Тебе наслаждение!

07.11.2022 · Десятка 1 – Новосибирск
Десятка 1 – Выпускники МАК · Десятка 3 – Москва

Спасибо Тебе, великий и милосердный Творец, за то, что поместил нас в правильное окружение и дал нам желание приблизиться к Тебе. Дай силы товарищам для работы в объединении и любви к ближнему. Соедини наши сердца, и прими нашу молитву из единого устремления быть отдающими, как Ты.

08.11.2022 · Десятка 1 – Балтия · Десятка 1 – Австрия

Дорогой, Любимый Творец, благодарим Тебя за путь, за Учителя, за десятку. Благодарим Тебя за то, что Ты дал нам возможность стремиться к "лишма". Просим Тебя Творец, чтобы наши усилия привели к потребности в Твоей помощи.

09.11.2022 · Десятка 1 – Бразилия
Десятка 1 – Латинская Америка

Творец, мы благодарим Тебя за то, что Ты привел нас на этот путь вместе с такими великими товарищами. Мы также благодарим Тебя за взаимное поручительство между нами. Помоги нам раскрыть Твою истинную любовь, Твое величие. Дай нам веру выше знания, силу преодолеть наш эгоизм и быть проводником Твоей любви ко всему миру.

10.11.2022 · Десятка 3 – Нью-Йорк
Десятка 1 – Студенты кампуса KabU

Дорогой Творец, когда мы входим в окружение, дай нам с радостью принять бремя царства небес, чтобы доставить Тебе наслаждение. Раскрой наши сердца товарищам, чтобы мы услышали Твой голос. Мы просим почувствовать свет, возвращающий к Источнику, который наполняет наше кли благом любви и милосердия.

11.11.2022 · Десятка 3 – Ашкелон · Десятка 1 – Зихрон Яаков

Творец, мы благодарим Тебя за то, что Ты выбрал нас, чтобы мы вышли из животной ступени. Мы благодарны Тебе за право познать, что нет никого кроме Тебя, что Ты – Добрый и Творящий добро во всем – и мы можем обратиться к Тебе, и благодарим Тебя за то, что Ты привел нас в это святое окружение для выполнения Твоей работы.

Удали преграды в наших сердцах, раскрой нам, что такое настоящая любовь, научи нас любить, как Ты. Услышь просьбы товарищей, помоги нам увидеть их величие, слиться с ними и через их слова почувствовать Тебя. Создай в нас хисарон к Тебе, дай нам силы объединения, отдачи и веры, чтобы мы могли насладить Тебя. Мы просим Тебя помочь нам поддерживать связь между нами, потому что это связь, которую мы хотим с Тобой.

12.11.2022 · Десятка 23 – Петах-Тиква
Десятка 14 – Петах-Тиква

Спасибо Тебе, что заботишься о нас и не оставляешь нас ни на мгновение, и приближаешь нас к истине. Спасибо за великих товарищей – дай им сил продолжать, поднимаясь над всеми состояниями. Соедини нас вместе, освети нас из сокрытия, чтобы мы могли видеть Тебя Добрым и Творящим добро. Мы благодарим Тебя за то, что Ты учишь нас Твоей работе. И все это для того, чтобы мы могли слиться с Тобой и доставить Тебе наслаждение!

12.11.2022 · Десятка 23 – Петах-Тиква
Десятка 14 – Петах-Тиква

Мы нуждаемся в Твоей помощи, чтобы укрепиться в молитве. В любом состоянии быть в вере выше знания. Освети глаза наши, чтобы увидели мы, что все сокрытия приходят от Тебя, пока мы не соединимся как один человек с одним сердцем. Ведь мы хотим доставить Тебе наслаждение.

13.11.2022 · Десятка 1 – Турция · Десятка 4 – Турция

Дорогой Творец. Мы благодарим и прославляем Тебя за чувства, которые Ты раскрыл нам на каждом этапе этой святой работы.

Нет ничего более великого, чем доставлять Тебе наслаждение. Дай нам силу всегда служить Тебе, чтобы мы могли идти путем отдачи. Путь отдачи важнее любого сокровища в этом мире.

Дай нам действовать в единстве ради связи между нами. Укрепи связь между нами, чтобы мы могли насладить Тебя. Соедини наши сердца и дай нам быть в одном стремлении – давать товарищам важность цели и желание включиться в товарищей. Дай нам ощутить противоположности, чтобы мы могли достичь величия творения.

14.11.2022 · Десятка 6 – Студенты МАК
Десятка 6 – Москва · Десятка 1 – Челябинск и Омск

Творец, спасибо, что собрал нас вместе на этот урок и дал нам силу обратиться к Тебе. Благодарим Тебя за возможность идти путем любви, за то, что зажег в нас стремление к великой цели. Помоги отмениться перед товарищами, принять и ощутить важность и величие десятки. Помоги отмениться так, чтобы Твои желания стали нашими желаниями. Дай нам духовных сил пребывать в постоянной ответственности за группу и укрепи нас в вере выше знания. Помоги объединиться сердцами всему Бней Баруху, чтобы войти в урок как единый народ, в едином намерении насладить Тебя. И пусть через наше исправление мы поможем приблизить к Тебе весь мир, чтобы пробудилась искра любви у всего человечества.

15.11.2022 · Десятка 3 – Италия · Десятка 4 – Балтия

Дорогой Творец, каждое ощущение, которое Ты даешь нам, это возможность для нас быть более любящими и более терпеливыми по отношению к товарищам. Мы благодарим Тебя за то, что Ты всегда подталкиваешь нас, напоминая, что Ты с нами, что Ты всегда готов принять нашу молитву.

16.11.2022 · Десятка 1 – Чили
Десятка 4 – Латинская Америка

Великий Творец, благодарим Тебя за то, что Ты привел нас на это святое поле Бней Баруха и выбрал нас для служения Тебе на нем. Дай нам чистое сердце и силу веры, чтобы мы были как один человек с одним сердцем и раскрыли Твой лик!

Благодарим Тебя, Творец, за то, что удерживаешь нас в объединении, все мировое кли, мы просим Твоей помощи в раскрытии окружающего света и Твоего изобилия, а также за товарищей – чтобы на их пути не было никаких помех.

17.11.2022 · Десятка 2 – Торонто · Десятка 5 – Студенты кампуса KabU

Творец мира, дай нам почувствовать сердце друг друга и поднять к Тебе нашу общую потребность в объединении, чтобы мы смогли почувствовать и раскрыть Твою любовь.

Молитвы товарищей с собраний товарищей

Десятка 3 – Киев

Дорогой Творец, дай нам почувствовать хисарон и дай нам сил восполнить то, чего не хватает нашим товарищам, не обращая внимания на то, чего не хватает мне. Дай нам возможность идти выше нашего знания в любом состоянии.

Десятка 1 – Сибирь

Дорогой Творец, соедини все наши молитвы, и чтобы каждый товарищ чувствовал, что его сердце соединяется с сердцами товарищей, и что Творец дает нам силу отдачи.

Украина

Мы благодарим тебя, дорогой Творец, за способность пробуждаться к объединению. Помоги нам наполнить чашу любви, иначе мы пропали.

Десятка 1 – Латинская Америка

Спасибо, дорогой Творец, за то, что Ты – Добрый и Творящий добро, вместе мы сможем достичь слияния с Тобой через слияние с товарищами.

Десятка 1 – Центр-Запад Америки

Дорогой Творец, помоги нам понять, что такое истинная слияние, и как его можно достичь в десятке. Помоги нам отменить себя и распахнуть сердца товарищам. Дай нам истинное желание правильно объединиться вместе для достижения цели.

Десятка 1 – Юг Израиля

Дорогой Творец, сделай из нас объединенное кли.

Десятка 6 – Москва

Дорогой Творец, спасибо, что поместил товарищей в моем сердце. Сделай так, чтобы духовное стало для нас важнее всего остального, и сделай нас подобными Тебе

Десятка 2 – Латинская Америка

Спасибо, дорогой Творец, за то, что Ты здесь, внутри нашей связи с товарищами.

Группы Кавказа

Дорогой Творец, помоги нам сократить расстояние между нашими желаниями, чтобы наши слова превратились в духовные действия. Позволь нам стать как один человек с единым сердцем, и пусть все зло, которое проявляется в мире, исчезнет.

Десятка 3 – Балтия

Дорогой Творец, спасибо, что собрал нас здесь и дал нам возможность обратиться к Тебе.

Германия

Дорогой Творец, раскрой сердца товарищей, и позволь нам слиться со всем человечеством, ради Тебя.

Десятка 1 – Хайфа

Дорогой Творец, дай нам соединиться над всеми помехами, научи нас возносить в сердце правильную молитву и истинное желание. Помоги нам стремиться к объединению на благо Тебе и прими нашу молитву ради Тебя.

Десятка 36 – КАКАЯ?

Дорогой Творец, дай нам возможность отдавать и нести Твой свет всему миру, чтобы исчезло разделение между нами, и мы наслаждали Тебя каждое мгновение.

Десятка 1 – Кармиэль

Дорогой Творец, спасибо за возможность, которую Ты дал нам собраться вместе, чтобы мы могли прийти к общей молитве, чтобы достичь лишма.

Молитвы многих

«Все молитвы мира», т.е. молитвы многих, «это и есть молитвы. А молитва одинокого не входит к святому Царю иначе, как с большой силой. Ибо прежде, чем молитва входит, чтобы украситься на своем месте, наблюдает за ней Творец и всматривается в нее, и смотрит на прегрешения и заслуги этого человека – то, чего он не делает в случае молитвы многих. Ведь сколько этих молитв исходит не от праведников, но все же все они принимаются Творцом, и Он не обращает внимания на их прегрешения».

(Зоар для всех. Глава Ваехи. Статья "Пусть соберутся, и я поведаю вам", п. 514)

Сила молитвы

Творец избрал нас и хочет, чтобы мы приблизились к Нему

Можно сказать, что нам действительно повезло, что Творец выбрал нас и хочет, чтобы мы сблизились с Ним. Он пробуждает нас каждый день, на каждом уроке. Нам нужно понять, что если бы не Творец, то мы бы не пробуждались и не вставали, не подключались и не учились, потому что все исходит от Высшей Силы, нет никого кроме Него. И так по тому, что пробуждается в нас, мы можем сказать, что Творец действительно любит нас и хочет связи между нами, желает нашей молитвы, и нам нужно вознести молитву о том, что мы хотим соединиться, чтобы наше общее сердце стало сосудом, а Творец наполнил бы это общее сердце и таким образом Он бы раскрылся нам, и это действительно порадовало бы Его.

24.9.2022

Все постигается только силой молитвы

В настоящее время есть сила группы, которая должна воздействовать на Творца, и все зависит от молитвы. Сегодня уже есть большая масса людей с большим и более выясненным желанием, которые уже учатся и понимают. Нам нужно пробудить себя и наше общее сердце, чтобы пробудить Творца, и тогда мы сможем произвести величайшие исправления в мире .

8.9.2022

Желание под названием "молитва"

На самом деле, кроме молитвы ничего нет. Желание, называемое «молитвой» — это уже желание, направленное к Творцу, желание, которое исходит из всех наших желаний и дает нам представление о том, чего мы действительно хотим. Но, прежде чем мы приходим к такому хисарону, к такому МАНу, у нас есть всевозможные действия, которые нам нужно сформировать. Поэтому достижение истинной молитвы занимает много времени, и главное – это объединение между нами. Когда мы соединяемся между собой, мы добавляем друг другу хисароны, и они в конечном итоге формируются в правильный хисарон. Почему? Потому что Творец, изначально организовывая нас в десятке, уже собирает нас, благодаря нашей работе, в кли Адама Ришон.

1.9.2022

Заповедь и молитва

Когда мы хотим соединиться над нашим эгоизмом, это называется выполнением заповеди, потому что так заповедано, чтобы мы объединились как один человек с одним сердцем. Выполняя это, мы видим, что мы не в состоянии, и просим сил у Творца, что и называется молитвой. Так что, в общей сложности, у нас есть заповедь и молитва. Заповедь – объединиться, согласно "Возлюби ближнего своего, как самого себя". А откуда берется сила? От молитвы к Творцу .

19.7.2022

Общий хисарон

Вы выстраиваете между собой общий хисарон и из него все вместе обращаетесь к Творцу, это называется "молитва за общество", и она всегда приводит к успеху. Очень важно, чтобы мы все соединились друг с другом, а затем соединились с Творцом.

10.9.2022

В многочисленности народа величие Царя

Согласно сказанному "в многочисленности народа величие Царя" получается, что чем больше количество, тем действеннее его сила, т.е. создается более насыщенная атмосфера величия и важности Творца. И тогда каждый своим телом чувствует, что все действия, которые он хочет выполнить ради духовного (что и называется отдачей Творцу), ценятся у него как несметные богатства оттого, что ему посчастливилось войти в круг людей, удостаивающихся служить Царю. Тогда от каждого малого действия он полон радости и удовольствия, что есть у него сейчас, чем услужить Царю. И в той мере, в какой группа во время собрания думала о величии Творца, в каждом в своей мере это вызвало осознание величия Творца, и тогда он может находиться весь день в мире радости и веселья.

(РАБАШ. Статья 17 (1986) "Порядок собрания")

Соединяем человечество с духовным

Герои по количеству и герои по качеству

Никогда в истории не было такого количества людей, желающих достичь Творца, как мы. Поэтому такое количество людей определяет силу, как написано "в многочисленности народа величие Царя".

13.10.2022

Мы все как один

«Мы собрались здесь» – вокруг этой идеи нам нужно объединиться, потому что мы все вышли из нее и должны вернуться к тому же истоку.

13.10.2022

Соедини нас и вознеси нас к Себе

Я молюсь Творцу вместе со всеми десятками, повсюду в мире мы все обращаемся к Творцу и просим Его соединить нас и вознести к Нему. Вот о чем я думаю, когда говорю о собрании, это молитва Творцу от нас, вот что важно. У нас нет более теплого, значимого, великого и важного действия, как такое собрание, где мы все можем соединиться в одном желании к одному Творцу .

23.5.2022

Пример всему человечеству

Нам нужно объединиться и подать пример всему человечеству, это собственно наши цель, роль и призвание. А потом мы будем продолжать возвышаться по духовной лестнице до бесконечности.

19.7.2022

Соединяем человечество с духовным

Мы находимся в последнем поколении, мы не можем сами достичь вершины всех миров, но только в той мере, в какой мы служим всем. И Бааль Сулам, и РАБАШ писали о том, что только исполнив свой долг перед человечеством, мы можем удостоиться высших исправлений .

3.9.2022

Объединение между народами

Мы в последнем поколении, когда мы все хотим объединиться, соединяясь над всем, что нас разделяет. Тысячи лет мы были отдалены друг от друга, разделены на народы и страны. Сейчас мы начинаем объединяться, такого еще не было в истории, мы реализуем замысел творения. Мы должны уважать и ценить, насколько это особое состояние исправления, которое мы совершаем, является наивысшим и самым важным условием. Это великое дело, очень особенное, это настоящее исправление мира. Поэтому мы должны стараться ценить это и придавать значение каждому товарищу, который участвует в этом .

25.7.2022

Процесс, через который проходит человечество

На протяжении тысячелетий во всем процессе, через который проходит человечество, оно всегда выясняет, что такое связь между людьми, какие бывают виды связи, что такое отдаление и сближение, и все это для того, чтобы выяснить, что связь между людьми – это главное. Впереди у нас еще много этапов, где мы будем чувствовать сопротивление нашей природы и хотеть приподняться над ней и все же налаживать связи, иначе человечество не сможет прийти к исправлению. Конечно, оно придет к исправлению, но очень и очень трудными путями. Идти против своей природы невозможно, нам нужна помощь Творца. Поэтому мы должны объединяться и постоянно кричать Ему, чтобы Он помог нам соединиться. Просто кричать Ему не поможет, а вот взывать об объединении – это поможет .

25.7.2022

Миру не хватает только одного – объединения

Мы должны извлечь урок из тех состояний, которые сейчас переживает мир, насколько миру не хватает связи, силы, которая бы объединила его, сблизила бы между собой народы, страны, людей. Мы не понимаем друг друга, мы не можем находиться рядом, мы не верим друг другу, каждый замыкается в себе. Поэтому нам нужно молиться за мир во всем мире. "Мир" от слова "совершенство". Совершенство в том, что мы почувствуем, что зависим друг от друга, и в нашем объединении мы достигнем состояния совершенства .

24.9.2022

Молитва за мир во всем мире

Мы можем молиться за весь мир, мы можем позаботиться обо всем мире при помощи нашей молитвы, и это называется «молитвой за мир во всем мире» .

3.9.2022

Все зависит только от нас

Мы должны представлять себе, что весь мир уже объединен и находится уже в Окончательном Исправлении. И не хватает только нашего правильного участия. Когда я не исправлен, я порчу картину мира, которая мне видится, и это то, что я должен исправить. Все зависит только от нас, от каждого из нас.

28.8.2022

Забота обо всем мире

Забота обо всем мире должна быть, по сути, нашей целью, потому что этим мы притягиваем высшую силу, которая никогда не раскрывалась в нашем мире. Согласно тому, что говорят нам каббалисты, мы находимся в последнем поколении, а последнее поколение способно притянуть единую общую силу, которая действует во всей природе, и она наладит, упорядочит отношения между нами.

21.8.2022

Прокладываем путь к высшему свету

Чем больше мы объединяемся, этим мы прокладываем путь к высшему свету, который может пройти через нас ко всему миру. Только мы до сих пор не чувствуем этого на самом деле, так как это не то количество, которое может ощущаться всеми. Я уверен, что вскоре мы почувствуем результаты нашей работы и достигнем состояния, когда люди поймут, что такое правильная методика исправления. Они объединятся, и мы вместе сделаем все исправления.

8.11.2022

Ответственные за весь мир

Мы – единственная группа, которая может привести в действие истинный МАН во всем человечестве, чтобы изменить мир к лучшему, поэтому каждый должен чувствовать ответственность за весь мир.

24.9.2022

www.ingramcontent.com/pod-product-compliance
Lightning Source LLC
Chambersburg PA
CBHW050255120526
44590CB00016B/2361